# 세계사를 바꾼 와인 이야기

출판은 사람과 나무 사이에서 이루어지는 가치 있는 일입니다.
도서출판 사람과나무사이는 의미 있고 울림 있는 책으로 독자의 삶을
좀 더 풍요롭게 만들기 위해 최선을 다하겠습니다.

# 세계사를 바꾼 와인 이야기

나이토 히로후미 지음
서수지 옮김

사람과 나무사이

**세계사를 바꾼 와인 이야기**

1판 1쇄 발행 2025년 6월 17일

지은이 나이토 히로후미
옮긴이 서수지
펴낸이 이재두
펴낸곳 사람과나무사이
등록번호 제2024-000012호
주소 경기도 파주시 회동길 508(문발동), 스크린 405호
전화 (031)815-7176 팩스 (031) 601-6181
이메일 saram_namu@naver.com
영업 용상철
디자인 박대성
인쇄·제작 도담프린팅
종이 아이피피(IPP)

ISBN 979-11-94096-15-3 03900

"와인은 세계로 가는 여권이다."

— 톰 엘크예르(Thom Elkjer)

# 편집자 서문

## '신의 음료' 와인이 인간의 욕망과 충돌하고 서로 화학작용을 일으키며 세계사를 바꾼 이야기

와인은 고대 그리스 민주정을 탄생시켰다. 이렇게 말하면 '와인과 민주주의가 무슨 관련이 있냐?'라고 반문하는 독자가 있을 수 있겠다.

와인과 고대 그리스 민주주의의 긴밀한 관계는 '지리', 즉 독특한 지형에서 실마리를 찾을 수 있다. 고대 그리스는 땅의 생긴 모양이나 형세 면에서 메소포타미아나 이집트와 확연히 달랐다. 즉, 이 지역에는 티그리스강·유프라테스강이나 나일강 같은 큰 강도 비옥한 평야도 없고, 산이 바다를 향해 내달리는 듯한 독특한 지형에 평야라고 부르기에도 민망한 수준의 좁은 농토가 드문드문 흩어져 있을 뿐이었다. 이런 지형에서는 왕, 귀족 등의 지배 계급이 모든 권력을 장악하고 토지를 독점한 채 폭력을 행사하기 어려웠다. 고대 그리스에서 좁은 농토를 소유한 평민 계급의 농민들이 천민이나 전쟁 포로를 노예로 부리며 농사를 지어 풍요로운 삶을 누릴 수 있었던 것은 이런 맥락에서였다. 바로 그 풍요로운 평민 계급 농민들이 포도나무를 심고 수확해 와인을 양조하고 더불어 즐겨 마시며 수준 높은 문화를 창조했으며, 그 비옥한 문화 풍토 위에서 활발하게 토론하고 정치의식을 고취하며 민주주의를 발전시켰다. 고대 그리스 세계를 대표하는 아테네는 그 연장선에서 소크라테스, 플라톤, 피타고라스, 히포크라테스 등의 걸출한 철학자, 수학자, 의사를 배출하며 위대한 문명을 이룩했다. 이것이 바로 와인이 바꾼 세계사 이야기 첫 번째 명장면이다.

'유럽의 아버지'로 칭송받는 명군 카롤루스 대제는 와인의 정치적 의미와 가치를 날카롭게 간파했다. 그래서 그는 활발한 정복 활동과 병행하여 왕국 안에서 와인 양조에 온 힘을 기울였다. '기독교의 수호자'로도 불리는 그는 왕국 전역의 교회에 토지를 하사하고 와인 양조를 독려했다.

카롤루스 대제의 와인 사랑은 여기서 멈추지 않았다. 그는 와인 양조 방식까지 세세하게 지도하는 등 철저히 관리하고 감독했다. 그는 와인 생산자가 여행객에게 직접 와인을 판매할 수 있도록 허가하는 등 유통에도 관여했다. 그 연장선에서 그는 포도 농사와 와인 양조를 활성화하고 와인 유통을 촉진하기 위해 법을 제정하고 규정을 마련했다.

카롤루스 대제는 왜 그토록 포도 재배와 와인 양조, 유통에 열을 올렸을까? 그가 자신의 통치 시기에 거대한 왕국으로 성장했으나 몹시 불안정한 정국을 안정시키기 위해 '기독교'와 함께 '와인'을 전략적으로 이용했기 때문이다. 그는 당대 유럽의 주류 종교였던 기독교와 매혹적인 알코올음료 와인을 영리하게 결합했다. 이 맥락에서 그는 로마 교황의 보호자 역할을 자임하고, 왕국 전역에 흩어져 있는 교회 세력을 포섭해 지배 거점으로 삼았다. 그는 그 교회들을 중심으로 포도 재배와 와인 생산을 독려하고 와인 산업을 획기적으로 발전시켰다. 그 과정에 포도밭 개간이 본격적으로 이루어졌고, 포도 농사와 와인 양조, 유통에 혁신이 일어났다. 그 결과, 많은 일자리가 창출되었으며 경제가 활성화되었다.

카롤루스 대제는 교회를 이용한 와인 산업 활성화 정책을 통해 부수적인 효과도 노렸다. 성정이 거칠고 다루기 힘든 게르만족을 포도 농사와 와인 생산에 적응시켜 온순한 기질로 변화시키는 일이었다. 카롤루스 대제는 와인을 단순한 상품이 아닌, 왕국 전체의 생존·번영과 밀접하게 관련된 핵심 상품이자 경제의 동맥을 흐르는 '혈액'으로 보았으며, 오늘날의 찬란한 유럽 와인 세계의 튼튼한 초석을 놓고 기틀을 다졌다. 이것이 와인이 바꾼 세계사의 두 번째 명장면이다.

오늘날 부르고뉴, 샹파뉴와 더불어 세계 최고 와인 명산지로 인정받는 보르도 신화를 탄생시킨 3주체가 있다. '사자심왕' 리처드 1세와 그의 동생이자 영국 역사상 최악의 군주 중 한 명으로 꼽히는 존왕, 이후 여러 명의 영국 왕들이 첫 번째 주체다. 고도의 간척 기술을 보유했던 16세기의 네덜란드인들이 두 번째 주체, 19세기의 프랑스 황제 나폴레옹 3세가 세 번째 주체다. 먼저, 리처드왕·존왕을 비롯한 영국 왕들과 보르도 와인의 관계를 살펴보자.

보르도 지방을 아우르는 프랑스 남서부의 아키텐 공국은 영국 왕 헨리 2세의 영토였다. 보르도는 헨리 2세의 아들 리처드 1세 시대에 잉글랜드와 훨씬 더 가까워졌다. 그는 어린 시절과 십자군 원정 기간을 제외하면 영국 왕으로 재위한 기간을 포함한 생애 대부분을 보르도 지방을 본거지로 삼아 가스코뉴 와인을 벗삼으며 지냈다. 프랑스 와인을 누구보다 깊이 이해하고 사랑하는 왕실과의 특별한 인연은 보르도로서는 놓쳐서는 안 될 기회였다.

보르도와 잉글랜드 왕가의 관계는 존왕 시대에 더욱더 돈독해졌다. 그는 재위 기간에 프랑스 내 잉글랜드 영토의 상당 부분을 프랑스 왕 필리프 2세에게 빼앗기는 등 실정을 저질렀기에 평판이 좋지 않았다. 그러나 보르도의 관점에서 "안에서 새는 바가지가 밖에서도 샌다"라는 속담은 존왕에겐 적용되지 않았다. 그가 아키텐 공국의 가스코뉴 와인을 대량으로 사들이면서 보르도의 중계무역이 나날이 번창했기 때문이다. 존왕의 특별한 와인 정책 덕분에 보르도의 경제는 번영의 길을 달렸다. 이후에도 보르도와 잉글랜드의 우호 협력 관계는 꾸준히 지속되었고, 보르도산 와인은 세계 시장에서 새로운 강자로 떠오를 발판을 마련했다. 12세

장 프랑수아 밀레, 〈포도밭에서〉, 1852-1853년, 캔버스에 유채, 37.5×29.6cm, 보스턴 미술관

기 이후 몇백 년간 잉글랜드 왕의 영지로 남아 있던 보르도는 잉글랜드와 밀월관계를 유지하며 장밋빛 꿈을 꾸었다. 그 꿈은 존 왕 이후 여러 명의 잉글랜드 왕들이 충성과 헌신의 대가로 보르도에 내린 혜택 '보르도 특권'에 의해 실현되었다.

'보르도 특권'으로 보르도 와인은 면세 혜택을 누렸다. 면세만으로도 엄청난 특권인데, '보르도 특권'에는 다른 지역 와인보다 보르도 와인을 먼저 출시하는 것을 보장하는 조항이 따라붙었다. 이로써 보르도 지방에서 생산된 와인은 강력한 경쟁력을 가질 수밖에 없었다. 이것이 먼 훗날 보르도가 전 세계적으로 와인 명산지로 자리매김하는 원동력이 되어주었다.

보르도의 메독 지구는 오늘날 와인의 정점을 이루는 지역이다. 이곳의 생산자들은 샤토 마르고, 샤토 라투르 등의 최고급 와인을 생산하는데, 놀랍게도 16세기까지 이 지역에는 포도밭이 거의 없었다. 그전까지 메독 지구는 대부분 바다에 잠긴 늪지대였다.

이 늪지대를 오늘날의 매력적인 포도밭으로 탈바꿈시키는 데 가장 크게 공헌한 세력은 네덜란드인들이다. 그들은 최강대국 스페인의 폭정에 맞서 독립전쟁을 벌였으며, 마침내 독립을 쟁취했다. 이후 네덜란드는 동인도회사를 설립하여 과감히 해양 진출을 도모했고, 중국과 일본을 비롯한 극동 아시아까지 발을 뻗었다.

당시 네덜란드인들이 해양 진출로 획득한 매력적인 상품이 바로 와인이었다. 그 무렵, 많은 네덜란드인이 보르도와 포르투갈 등지로 옮겨간 것은 포도 농사를 지어 와인을 양조하기 위해서였다. 그들 중 일부는 보르도 등지로 영구 이주해 프랑스인으로 귀화하는 일도 마다하지 않았다.

보르도에 발을 디딘 네덜란드인들은 상대적으로 저렴한 와인을 대량으로 사들이고 싶어 했다. 그들이 오늘날 메독 지구의 늪지대 간척을 시작한 것은 그런 필요성 때문이었다. 원래 바다가 자주 넘치는 저지대에 살았던 네덜란드인들은 메독 지구를 성공적으로 간척할 수 있는 최고의 기술을 보유하고 있었다.

네덜란드인들의 초인적인 간척 사업에 힘입어 메독 지구에서 성공적인 포도 재배가 시작되었다. 이곳은 점점 더 매력적인 포도 재배, 와인 생산지로 진화해갔다. 그 당시에는 누구도 메독 지구의 자갈투성이 땅이 전 세계적으로 가장 뛰어난 품질의 포도와 와인을 생산하는 '황금의 땅'이 되리라고는 생각하지 못했다.

나폴레옹 3세는 두 얼굴을 가졌다. 하나는 '무능한 독재자'의 얼굴이고, 다른 하나는 프랑스 와인, 그중에서도 보르도 와인을 세계 최고 반열에 올려놓은 '탁월한 마케팅 전문가'라는 얼굴이다. 1858년 그는 만국박람회를 개최하여 파리를 오늘날의 화려하고 매력적인 도시로 탈바꿈시켰다. 이는 고도로 발전한 당대 프랑스 산업을 전 세계에 과시하고, 프랑스산 농산물의 제품 인지도와 판매력을 높이기 위한 무대였다. 당시 파리 만국박람회장 출품 상품의 하나로 선정된 것이 보르도 와인이었는데, 판매를 촉진하기 위해 나폴레옹 3세는 '메독 지구 등급제'를 시행했다. 이렇듯 오랫동안 많은 사람이 노력하고 헌신한 덕분에 보르도는 오늘날 부르고뉴, 샹파뉴와 더불어 세계 최고 와인 생산지로 자리매김했다. 이것이 와인이 바꾼 세계사의 세 번째 명장면들이다.

30년 전쟁은 독일의 드넓은 포도밭을 초토화했다. 오늘날 사람들은 독일을 '맥주의 나라'로 알고 있지만, 독일은 본래 프랑스와 이탈리아 못지않은 대표적인 '와인 대국'의 하나였다. 이는 18세기 후반~19세기 초반 무렵 카롤루스 대제가 정력적으로 펼친 '교회를 이용한 와인 산업 활성화 정책'의 결과였다.

1517년 독일의 신학자이자 사제였던 마르틴 루터가 종교개혁을 주창함에 따라 기독교 세계가 구교인 가톨릭과 신교인 프로테스탄트로 양분되었다. 이후 서유럽은 심각한 분열로 고통을 겪었다. 그 극심한 혼란과 고통의 끝에서 최악의 유혈 참사인 30년 전쟁이 일어났다. 17세기 전반기의 상황이다.

당시 독일은 30년 전쟁의 살벌한 전쟁터가 돼버렸고, 덴마크군·스웨덴군 등의 프로테스탄트 진영과 스페인군·프랑스군 등의 가톨릭 진영이 짓쳐들어와 전 국토를 잿더미로 만들었다. '최악의 종교전쟁'으로 불리는 30년 전쟁으로 인해 당대 독일을 대표하는 와인 명산지 라인가우와 라인강 유역의 포도밭도 모두 병사들의 군홧발에 짓밟혔다. 1648년 베스트팔렌 조약 체결로 30년 전쟁이 끝났을 때 독일의 포도밭 면적은 전성기의 6분의 1도 안 되는 약 5만 헥타르로 줄어 있었다. 엎친 데 덮친 격으로, 다른 와인 명산지 알자스는 프랑스의 손에 넘어갔다. 30년 전쟁으로 파괴된 후 영영 복구되지 못한 와인 산지도 많았다. 전쟁이 일어나기 전에는 포도밭이었던 곳이 곡물을 생산하는 밭이나 사과나무 과수원으로 바뀌는 사례도 적지 않았다. 이렇게 독일 와인은 부흥의 길을 걷지 못했으며, 과거의 영광을 회복할 수 없었다. 이것이 와인이 바꾼 세계사의 네 번째 명장면, 아니 안타까운 장면이다.

미국 캘리포니아 와인은 '파리 심판' 사건으로 보르도·부르고뉴 절대 신화를 무너뜨렸다. 1960년대에 들어서면서 전 세계 최대 와인 소비국으로 떠오른 미국은 우수한 와인 생산국으로 발돋움하기 위한 단계를 차근차근 밟아갔다. 그러던 중 누구나 미국을 프랑스 못지않은 와인 강국으로 인정할 수밖에 없게 한 '파리 심판' 사건이 일어났다. 1976년의 일이다.

'파리 심판'은 세기의 대결이었다. 이는 프랑스가 자랑하는 명품 와인과 미국 캘리포니아산 와인을 놓고 블라인드 테스트로 맛과 향기, 품질을 겨루어 어느 쪽이 나은지 결정하는 형식으로 진행되었다. 이 대결에서 보르도의 샤토 무통 로칠드와 샤토 오브리옹 등이 프랑스산 레드와인으로 제공되었다. 부르고뉴의 명문 와이너리는 화이트와인을 선보였다. 테이스팅 심사위원으로는 모두 프랑스인이 초빙되었다. 미슐랭 별 세 개 레스토랑 오너와 소믈리에, 보르도와 부르고뉴의 저명한 와이너리 경영자급 인사 등 내로라하는 와인 업계 거물들이었다.

흥미롭게도, 이 대결에서 예상을 뒤엎는 결과가 나왔다. 세계 최고 명성을 자랑하는 보르도와 부르고뉴를 제치고 레드와인과 화이트와인 모두 캘리포니아산 와인이 1위를 차지했다. 말하자면, 프랑스 와인에 통달한 프랑스인 심사위원들이 자국의 명품 브랜드 와인보다 당시 존재감이 거의 없던 무명 캘리포니아 와인에 더 높은 점수를 준 것이다.

캘리포니아 와인은 천재적인 와인 제조업자 로버트 몬다비로 대표되는 생산자들이 주축이 되어 위상을 강화했다. 그들이 일으킨 변화와 혁신은 높은 인지도와 명성만 믿고 안주하며 발전을 위한 노력을 게을리한 프랑스 와인에 치명적인 타격을 입혔다. 그와 더불어 전 세계 와인 산업에 지각 변동이 일어났다. '파리 심판' 사건을 기화로 한 캘리포니아 와인의 도전과 성공은 전 세계 와인 산업에 큰 변화를 일으켰으며, 와인 문화의 물줄기를 바꾸는 계기로 작용했다. 이는 와인 세계사를 바꾼 다섯 번째 명장면이라 할 만하다.

『세계사를 바꾼 와인 이야기』는 '쌀로 술을 빚어 마신 역사보다 포도로 와인을 양조해 마신 역사가 훨씬 오래되었다?!', '와인은 왜 유대교와 기독교를 상징하는 음료가 되었을까?', '소크라테스, 플라톤 등 고대 그리스 철인들이 물을 탄 와인을 즐겨 마신 까닭은?', '로마 건국자 로물루스는 왜 와인을 엄격히 금지할 수밖에 없었나?', '가톨릭교회 수도사들이 그토록 와인 양조에 심혈을 기울인 이유는?', '와인이 고대 로마제국의 기독교에 치명타를 입혔다?!', '랭스의 힘은 포도밭에서 나온다'라는 말의 의미는?', '시토회 수도사들이 세계 최고 수준의 와인을 만든 원동력은 예수였다?!', '한때 와인을 사랑했던 무함마드는 왜 갑자기 와인을 엄격히 금지하고 와인 문화를 말살하려 했을까?', '부르고뉴군이 잔 다르크를 붙잡아 잉글랜드군에 넘긴 것은 '와인'

때문이었다?!', '부르고뉴 와인이 세계 최고 명품 와인 반열에 오른 것은 루이 14세 덕분이었다는데?!', '퐁파두르 후작 부인은 왜 로마네콩티 포도밭을 두고 콩티 공과 자존심 대결을 벌일 수밖에 없었을까?' 등 와인을 둘러싼 재미있고 유익한 이야기로 빼곡하다. 또한 이 책에는 '한때 헝가리군이 합스부르크군을 상대로 벌인 전쟁을 승리로 이끄는 데 큰 공을 세운 토카이 와인 이야기', '18세기 프랑스 와인 세계의 패러다임을 바꾼 와인 입시세 이야기', '독일 와인을 세계 명품 수준으로 끌어올린 오스트리아 재상 메테르니히 이야기', '소련과 공산권 국가들의 와인 문화를 철저히 파괴한 원흉 고르바초프 이야기', '제2차 세계대전 이후 와인 문화를 송두리째 바꾼 미국의 부유한 소비자 이야기', '과감한 점수제를 도입하여 미국의 와인 지배 체제를 굳힌 불세출의 와인 평론가 로버트 파커 이야기' 등 세계사의 물줄기를 바꾼 흥미진진한 와인 이야기가 가득 담겨 있다.

와인 한잔을 천천히 음미하며 이 책을 읽다 보면 당신은 '신의 음료' 와인이 인간의 욕망과 충돌하고 서로 화학작용을 일으키며 물줄기를 바꾼 인류 역사 이야기의 매력에 흠뻑 빠져들게 될 것이다.

# 차례

 World History of WINE

## 와인 대국 독일의 포도밭을 초토화한 30년 전쟁

 World History of WINE

## 보르도·부르고뉴 절대 신화를 무너뜨린 캘리포니아 와인

World History of
WINE

①

# 고대 그리스 민주주의를 추동한 알코올음료 와인

**쌀로 술을 빚어 마신 역사보다**
**포도로 와인을 만들어 마신 역사가**
**훨씬 오래되었다?!**

와인은 유서 깊은 역사를 자랑한다. 실제로 벼농사 문화권 사람들이 쌀로 술을 빚어 마신 역사보다 몇몇 특정 지역민이 포도로 와인을 만들어 마신 역사가 훨씬 오래되었다. 인류가 언제부터 와인을 만들어 마시기 시작했는지 정확히 알 수는 없지만, 수천 년을 넘어 1만 년에 가깝다는 것이 학자들의 공통된 추정이다. 이는 고대 인류 문명 태동기에 이미 본격적인 와인 양조가 이루어졌음을 의미한다.

와인은 어디에서 탄생했을까? 와인 발상지에 대해서는 여러 설이 있다. 그중 흑해와 카스피해 사이에 있는 캅카스(Caucasus)의 조지아(구 그루지야)나 아르메니아 지역에서 와인을 양조하기 시작했다는 주장이 힘을 얻는다. 조지아에는 기원전 6000년 무렵으로 추정되는 와인 관련 유적이 오늘날까지 남아 있다. 고고학자들은 이 유적에서 출토된 도기 항아리 유물을 정밀 분석한 결과, 그 항아리가 와인 양조에 사용되었을 것이라는 가설을 내놓았다. 조지아와 함께 유력한 와인 발상지 후보로 자주 거론되는 아르메니아에는 기원전 4000년 무렵 유적으로 추정되는 와인 양조장이 남아 있다.

한편, 어떤 학자들은 고대 메소포타미아 지역에서 찬란한 문명을 이룩한 수메르인이 역사상 최초로 와인 양조를 시작했다고 주장한다. 그런가 하면 어떤 학자들은 오늘날 이란의 자그로스산맥(Zagros Mountains) 일대에서 와인 양조가 시작되었다고 주장하기도 한다.

조지아와 아르메니아, 메소포타미아는 지리적으로 서로 가깝다. 어디에서 최초로 와인이 탄생했는지는 확실치 않지만, 분명한 것은 와인 양조가 서아시아 어딘가에서 시작되어 전 세계로 퍼져나갔다는 점이다.

고대 이집트의 와인 생산력과 와인 문화는 발상지인 메소포타미아를 뛰어넘을 정도로 대단했다. 고대 이집트는 팔레스타인을 매개 삼아 메소포타미아 지역의 와인 양조 기술을 들여온 것으로 추정된다. 이후 이집트 땅에서는 와인 양조에 일대 혁신이 일어났다.

고대 이집트인과 메소포타미아인은 와인을 사랑했다. 이 두 고대 문명은 고도로 발전한 음식 문화와 당시로선 최첨단이라 할 만한 농업 기술을 보유했다는 공통점이 있다. 단순한 과일음료의 하나인 포도 주스를 와인이라는 수준 높은 알코올음료로 변화시키는 공정은 당대인들에게 마술처럼 여겨졌다. 체계적인 지식과 축적된 경험이 뒷받침되지 않으면 와인을 생산할 수 없기 때문이었다.

물론 포도 과즙이 우연히 자연 발효해 와인이 만들어질 수도 있지만, 이는 어디까지나 예외적인 현상에 지나지 않는다. 제대로 와인을 생산하려면 체계적인 지식과 축적된 경험, 문화적 소양을 갖춰야 한다. 섣불리 포도 주스를 와인으로 변화시키려 하면 실패할 위험이 크다. 아무리 애쓰고 수고를 아끼지 않아도 시큼털털해서 마시기 힘든 평범한 액체만 만들어질 뿐이다. 게다가 한꺼번에 많은 양의 와인을 생산하려면 야생 포도에만 의존할 것이 아니라 제대로 된 포도 재배 기술을 갖춰야 한다.

고대 메소포타미아에서는 기원전 3000년 무렵 인류 최초의 도시가 탄생했다. 이후 기원전 25세기 무렵 수메르인이 세운 우르 제1왕조가 번영했다. 그와 비슷한 시대 고대 이집트에서도 통일 왕조가 탄생해 파라오가 안정적으로 통합을 이뤄 국가를 다스리기 시작했다. 이집트도 메소포타미아도 고대에는 문자를 발명할 만큼 고도로 발전한 문명을 이룩했기에 수준 높은 와인 양조 기술과 와인 문화를 탄생시킬 수 있었다.

### 와인이 유대교와 기독교를 상징하는 음료이자 도구로 사용된 의미심장한 이유

고대 메소포타미아인과 이집트인은 와인을 단순한 알코올의 하나로 받아들이지 않았다. 와인은 취기를 느끼

지도 1

**와인 발상지? 조지아와 아르메니아**

게 하는 음료를 넘어 신에게 선물 받은 고귀한 액체이자 약이며 보물과도 같은 귀한 대접을 받았다. 메소포타미아와 이집트에서는 포도나무를 '생명의 나무'로 숭배했다.

현대에도 와인은 사람들에게 활력을 불어넣어주고 기운이 샘솟게 하는 알코올음료로 인정받는다. 코르크 마개를 열어 향기를 맡기만 해도 기분이 좋아진다. 심지어 고대에는 소독약 대신 와인을 사용하기도 했다. 고대인들은 와인을 상처를 소독하고 치유하는 신비로운 효능을 지닌 액체로 여겼던 것이다. 고대 수메르인과 이집트인은 와인의 약효를 알고 있었기에 가볍게 여기거나 함부로 다루지 않았다. 고대 오리엔트 일대에서 와인은 '최고의 약'으로 인정받았다.

그렇다면 고대 메소포타미아와 이집트에서는 와인을 왜 '신이 내린 은총'으로 여기며 숭배했을까? 여기에는 나름대로 합리적인 이유가 있다. 한마디로 고대인들은 와인을 생명의 '재생(혹은 부활)'을 가능케 하는 숭고한 음료로 여겼기 때문이다. 어째서일까? 포도 주스를 그대로 두면 산화해서 마실 수 없다. 이는 액체로서의 '죽음'을 의미한다. 그러나 포도 주스에 '발효'라는 화학 작용이 일어나면 알코올이라는 새로운 물질로 재탄생(재생, 부활)한다.

이렇듯 발효를 통해 새 생명을 얻은 와인은 포도 주스보다 훨씬 오래 보존할 수 있다. 게다가 일반적인 주스류와 달리 장기 저장이 가능하므로 이듬해 봄에도 신선한 와인을 마실 수 있다. 고대에는 와인의 수명이 오늘날에 비해 상대적으로 짧았다. 그렇지만 겨울을 무사히 넘기고 이듬해 봄을 맞이하는 와인은 '재생'과 '부활'의 상징으로 받아들여지기에 부족함이 없었다. 이렇듯 고대 메소포타미아인과 이집트인은 와인에서 신비한 힘과 기적을 발견하고, 포도나무를 '생명의 나무'로 여기게 되었다고 학자들은 추정한다.

죽었던 액체가 다시 살아나는 신비와 기적은 유독 와인에만 나타나는 독특한 현상이다. 맥주나 청주는 밀가루, 쌀 등 곡물을 분쇄하거나 열을 가해 액체로 변화시키는 공정을 거친다. 이 공정에는 '죽음'이 끼어들 여지가 없다. 그러므로 맥주와 청주의 양조 공정에서는 '재생'의 기적이 일어날 수 없다. 얼핏 보면 포도주스와 와인은 큰 차이가 없다. 그러나 자세히 살펴보면, 둘은 전혀 다른 음료다. 즉, 와인 양조 공정에서 포도가 발효를 거쳐 이전과 전혀 다른 물질로 변화한다.

'죽었다가 다시 살아나는' 와인은 고대 유대교 세계에서도 안정적으로 자리를 찾아갔다. 이후 유대교에서 파생한 기독교도 와인이 일으키는 '재생'이라는 기적의 사상을 이어받았다. 그 맥락에서 예수는 와인을 '자기 피'에 비유하기도 했다.

고대 오리엔트 세계에서 와인은 지배층의 음료였다. 당대에는 지배자와 기득권층이 광대하고 비옥한 토지를 독점했기 때문이다. 그들은 자신의 지배 아래 있는 사람들에게 포도 재배와 와인 양조를 명령했으며, 여기에서 나오는 모든 이익과 혜택을 독차지했다. 이렇듯 와인은 오랫동안 지배자와 기득권층을 위한 음료로 존재했다.

고대 이집트의 포도나무 재배와 와인 양조 과정이 묘사된 무덤 벽화

## 소크라테스, 플라톤 등 고대 그리스 철인들은 왜 '물을 탄 와인'을 즐겨 마셨을까

고대 그리스는 메소포타미아, 이집트의 뒤를 이어 와인을 전국적으로 생산하며 수준 높은 와인 문화를 일궈냈다. 그리스는 와인을 양조하기에 적합한 지역 중 하나다. 무덥고 건조한 기후에 석회암으로 이루어진 토지는 물 빠짐이 좋은 데다 산이 바다를 향해 내달리는 듯한 지형이라서 포도나무 재배에 알맞은 경사지도 많다.

크레타섬을 중심으로 하는 에게해 문명은 고대 그리스 문명을 탄생시켰다. 고대 그리스는 지리적으로 이집트에 가깝다. 그러므로 학자들은 고대 그리스의 와인 양조 기술이 고대 이집트나 오늘날 튀르키예의 아시아 영역에 해당하는 아나톨리아반도에서 전해졌을 것으로 추정한다.

고대 그리스에서 와인은 왕이나 귀족 등 지배 계급만을 위한 음료가 아니었다. 평민도 얼마든지 자유롭게 와인을 마시며 와인 문화를 향유할 수 있었다. 문득 궁금증이 생긴다. '고대 그리스인들은 어떻게 신분과 지위의 높고 낮음에 관계없이 와인을 즐겨 마시고 수준 높은 와인 문화를 발전시켰을까?' 여기에는 '지리', 즉 고대 그리스의 독특한 지형이 주요 요인으로 작용했다.

고대 그리스는 입지 조건 면에서 메소포타미아나 이집트와 확연히 달랐다. 이 지역에는 고대 메소포타미아 지역의 티그리스강·유프라테스강이나 이집트의 나일강 같은 큰 강이 없을 뿐 아니라 비옥한 평야도 거의 없었다. 그 대신 산이 바다를 향해 내달리는 독특한 지형에 달마티안의 검은 점처럼 좁은 평야가 드문드문 흩어져 있어 왕, 귀족 등의 지배 계급이 모든 권력을 손에 쥐고 토지를 독점한 채 폭력을 행사하기 어려웠다.

이런 이유로 고대 그리스에서는 좁은 평야를 소유한 평민 계급의 농민들이 천민이나 전쟁 포로를 노예로 부리며 농사를 지어 풍요로운 삶을 누렸다. 바로 그 풍요로운 농민 계층의 사람들이 포도나무를 심고 수확해 와인을 양조하고 즐겨 마시며 와인 문화를 창조하고 발전시켰다.

고대 그리스의 폴리스, 그중에서도 특히 아테네에서는 민주정치가 발달했다. 지형 특성상 절대군주가 존재하기 어려운 구조였기 때문에 아테네는 소크라테스, 플라톤, 피타고라스, 히포크라테스 등 걸출한 철학자, 수학자, 의사를 배출하며 전대미문의 위대한 문명을 이룩할 수 있었다. 이런 고대 그리스의 위대한 학자들은 하나같이 와인을 좋아했다. 실제로 위대한 철학자 소크라테스와 플라톤은 그 누구 못지않게 와인을 좋아하고 즐겨 마셨다고 전해진다. 히포크라테스 선서로도 유명한 '의학의 아버지' 히포크라테스는 와인을 약으로 썼는데, 해열·소독·이뇨·피로 회복 등 다양한 용도로 구분해서 사용했다.

고대 그리스인들은 현대인과 전혀 다른 방법으로 와인을 마셨다. 그들은 주로 식사를 마친 후 와인을 즐겼는데, 이때 적정량의 물을 타서 마셨다. 흥미롭게도 그 시대 사람들은 물을 타지 않은 와인을 품위가 없고 야만인들에게나 어울리는 음료로 여겼다.

고대 그리스인들이 와인에 물만 섞어 마신 것은 아니었다. 그들은 물 외에도 유지류와 치즈, 밀가루 등도 자주 섞어 마셨다. 사실은 고대 오리엔트, 즉 메소포타미아와 이집트 문명을 아우르는 드넓은 지역에서 이미 오래전부터 와인에 물과 여러 가지 식재료를 섞어 마시는 문화가 성행했다. 와인 맛에 긍정적인 변화를 주기 위해서였다. 또 하나, '보관' 문제도 중요한 이유였다. 고대 시대에는 와인이 쉽게 산화해 채 1년도 맛을 유지하기 어려웠다. 그러므로 와인에 뭔가 새로운 맛을 추가하거나 창조할 필요가 있었다.

## 아테네 등 고대 그리스 도시국가들의 민주정치를 추동한 놀라운 알코올음료 와인

고대 그리스인들이 와인을 즐기는 방법에는 또 한 가지 중요한 특징이 있었다. 이는 그리스식 '연회'와 깊은 관련이 있다. 우선, 그리스식 연회에서는 '큰 잔'이 항상 준비되어 있었다. 손님들은 저마다 자리에 앉아 큰 잔에 와인을 가득 채운 다음 차례로 돌려가며 마셨다. 이런 그리스식 연회를 고대 그리스인들은 '심포시온(symposion)'이라고 불렀다. 이는 '토론'을 의미하는 영어 단어 'symposium'의 원형이 되었다.

실제로 고대 그리스 연회는 오늘날의 '심포지엄'과 일맥상통하는 측면이 있다. 그 시대의 연회와 비슷하게 현대식 심포지엄에서도 와인 등을 나눠 마시며 문학, 철학, 과학, 문화, 예술 등 다양한 주제에 대해 지적 대화를 나누곤 하지 않는가. 다만 그리스식 연회와 현대식 심포지엄의 뚜렷한 차이점은 '정치'를 화제로 삼느냐 하는 문제다. 나라마다 차이는 있겠으나, 오늘날 여러 사람이 한자리에 둘러앉아 와인을 마시는 자리에서는 자칫 분위기를 망친다는 이유로 정치 이야기를 꺼리는 경향이 있다. 그에 반해 당대 그리스인들은 정치 비판을 즐겼다.

고대 그리스식 연회를 유심히 살펴보면 와인은 당대의 민주제 및 철학의 발전 과정과 깊은 연관이 있음을 알 수 있다. 왜냐하면 와인이라는 음료는 사람을 자유롭게 하고, 달변가로 만들어주며, '지적 윤활유' 역할을 해주기 때문이다.

와인, 청주, 맥주 등 대다수 술은 사람을 기분 좋게 하고 활력을 불어넣어준다는 공통점이 있다. 그런데 와인에는 다른 알코올음료에 없는 묘한 특색이 있다. 그것은 바로 사람을 '지적으로' 만들어준다는 점이다.

왜 다양한 알코올음료 중 유독 와인만 마시는 사람을 지적으로 만들어줄까? 이는 와인 속에 함유된 '타닌의 효능' 덕분이다. 그렇다면 커피와 차는? 커피와 각종 차에도 타닌이 들어 있다. 커피에 함유된 타닌은 달콤한 향기를 내는데, 때때로 사람을 명상에 잠기게 한다. 따라서 타닌을 함유한 커피와 차도 와인과 마찬가지로 마시는 사람을 지적으로 만들어준다.

와인에는 단맛, 신맛, 감칠맛 등 다양한 맛과 정보가 응축되어 있다. 와인이 지닌 다양한 정보는 마시는 사람의 두뇌를 자극하고 상상력을 불러일으킨다. 이를테면 와인을 마실 때 와인에서 꽃향기 비슷한 향취를 맡으면 미의식이 발동해 지적인 사람으로 변해가는 식이다.

소크라테스는 과음하지 않고 '적정량의 와인을 한 번에 조금씩 마신다'라는 전제로 다음과 같이 말했다.

"와인은 이성에 아무런 해를 끼치지 않고 유쾌한 환희의 세계로 우리를 이끌어준다."

또 유대교에서는 와인을 가리켜 "이성을 받아들이는 데 도움을 주는 술"이라고 말한다. 와인은 여느 알코올처럼 단지 분위기를 띄우기 위해 마시는 술이 아니다. 술에 취한 상태에서도 지성을 발휘할 수 있으므로, 와인을 마시는 자리는 이내 지적인 대화가 활발히 오가는 생동감 있는 공간으로 변모한다. 고대 그리스 세계에서 소크라테스, 플라톤, 아리스토텔레스 등 걸출한 철학자가 수없이 등장한 것은 이런 연유에서다. 즐겁게 와인잔을 기울이며 지적 토론을 벌이는 장소라면 어디든 무엇에도 얽매이지 않는 자유로운 공간이 된다. 와인을 즐기는 공간에 자유가 있고 평등이 존재한다면, 고대 그리스의 아테네와 같은 민주정치가 태동할 토대가 갖춰지고 튼실한 씨앗이 마련된 셈이다.

그리스는 독특한 지형 요인 때문에 오리엔트 세계와 같은 강력한 군주가 등장하기 어려워 민주정치가 탄생하고 발전하기 유리한 조건이었다. 여기에 더해 고대 그리스, 그중에서도 특히 아테네인들은 와인을 매개로 지적 토론을 즐기며 민주주의를 더욱 눈부시게 발전시켰다. 이렇듯, 와인은 민주주의라는 아기를 어엿

“와인은 이성에 아무런 해를 끼치지 않고
유쾌한 환희의 세계로 우리를 이끌어준다.”

니콜라 몽시오, 〈소크라테스와 아스파시아의 논쟁〉, 1801년, 캔버스에 유채, 65×81cm,
푸시킨 국립미술관

한 성인으로 키워낸 식량이자 요람과도 같은 술이었다.

고대 그리스 이후 민주주의를 표방한 고대 로마의 이탈리아반도, 근세의 영국, 프랑스, 독일인들은 모두 예외 없이 와인을 즐겨 마셨다. 이탈리아, 프랑스, 독일은 오랜 세월 대규모 와인 산지로 명성을 얻었다. 인간은 태생적으로 와인을 마시며 자기의 꿈을 이야기하기 좋아하며, 그 과정에서 지적으로 변화해가는 존재다. 이런 맥락에서 민주주의를 빚어내기에 와인보다 맞춤한 알코올음료는 없지 않을까? 참고로, 커피는 17세기 이후 전 세계로 퍼져나갔다. 그때까지 수천 년 동안 와인은 지적 음료의 자리를 독점해왔다.

## 로마 건국자 로물루스는 왜 와인을 엄격히 금지할 수밖에 없었나

고대 지중해 세계에서 그리스 문화를 계승한 나라가 어느 나라인지 묻는다면 단연 로마를 꼽을 수밖에 없다. 고대 로마는 그리스의 와인 문화도 물려받았는데, 흥미롭게도 건국 초기에는 와인을 거부했다. 어찌 된 일일까? 고대 로마를 세운 로물루스(Romulus)가 와인을 금지했기 때문으로 여겨진다. 로물루스는 왜 와인을 금지했을까? 와인이 불러일으키는 취기와 그로 인한 갖가지 해악을 혐오하고 극도로 경계했기 때문이다. 이는 로마 건국 초기, 즉 로물루스 시대부터 로마에서는 와인을 마시고 인사불성이 되도록 취한 사람이 나올 만큼 사랑받는 음료였다는 방증이기도 하다. 그렇게 시간이 지나는 동안 로마 지배자들의 매력에 시나브로 빠져 즐겨 마시게 되었으며, 대중적으로 소비되는 것을 금지하지 않게 된 것이다.

사실 로마의 와인 문화는 이탈리아반도를 공통의 보금자리로 삼았던 에트루리아(Etruria)의 영향을 받은 측면이 있다. 이탈리아반도 중부에 있던 에트루리아는 한때 로마를 복속시킬 정도로 강력했다. 그러나 이후 점차 힘을 기른 로마는 에트루리아인을 몰아내고 지배에서 벗어났으며, 마침내 에트루리아를 멸망시키고 이탈리아반도의 주인이 되었다. 한때 로마인을 자기 지배 아래에 두고 군림하던 에트루리아인은 와인을 즐겨 마셨으며, 그리스인도 탐낼 만큼 품질이 우수한 와인을 생산했다. 로마인은 에트루리아를 정복하고 병합하는 과정에서 에트루리아인이 창조한 와인 문화를 계승하고 발전시켰다.

에트루리아를 집어삼킨 로마는 이후 삼니움(Samnium)족 사람들과 여러 차례 싸우고 마침내 승리해 이탈리아반도를 무대로 하는 유일 패권 국가로 거듭났다. 이탈리아반도를 완벽한 독무대로 만든 로마는 불세출의 명장 한니발(Hannibal, 기원전 247~기원전 183?)이 이끄는 카르타고와 일생일대의 결전을 치르고 최종 승리를 거둔 후 지중해 일대까지 제패하며 로마 역사상 최초로 광대한 영토와 부를 손에 거머쥐었다. 이후 로마인은 대농원에서 포도를 재배하고 와인을 양조했는데, 그에 따라 시장 수요와 규모도 점점 더 커졌다. 대제국으로 발돋움하고 평화의 시대, 즉 팍스

로마나를 이룩한 로마인은 점점 풍요로움을 즐기며 향락에 빠져들었다. 로마인이 음주가무를 즐기고 향락을 탐닉하는 자리에는 와인이 빠지지 않았고, 그들은 쉴 새 없이 와인을 마시고 거나하게 취했다.

고대 로마인은 고대 그리스인과 사뭇 다른 방식으로 와인을 마셨다. 처음에는 그리스인과 마찬가지로 물을 탄 와인을 마셨으나, 차츰 물의 양을 줄이다가 마침내 물을 전혀 타지 않은 원액의 와인을 마시며 와인 본연의 맛을 즐기는 경지에 이르렀다. 물을 타지 않아도 충분히 맛있고 품격도 지닌 와인에 굳이 물을 타서 망칠 필요가 없다는 사실을 깨달은 것이다. 이후 로마인의 입맛이 고급스러워지며 와인 취향도 점차 세련된 방향으로 변해갔다. 이렇듯 미식 문화가 발전한 로마에서는 고대 그리스보다 더 맛있고 품질이 우수한 와인을 생산하게 되었다.

고대 로마인은 이탈리아반도를 정복하고 지중해 일대를 제패해 앞바다처럼 누볐다. 이후 그들은 오늘날 프랑스 영역인 갈리아(Gallia)와 영국의 본섬인 브리튼, 발칸반도, 아라비아 방면까지 진출해 대제국을 건설했는데, 이 광대한 제국을 와인이 든든하게 떠받쳐주었다. 실제로 와인은 전쟁터에서 용감하게 싸우는 로마 군단의 필수 보급품 중 하나였다.

로마 군단이 진출한 전쟁 지역은 대부분 문화적으로 낙후된 곳이었다. 게다가 병사들은 온난한 이탈리아반도에 비해 훨씬 혹독한 기후 조건에서 숙영하며 전투를 치러야 했고, 전투가 없는 동안에는 살을 에는 추위 속에서 무료함을 달래며 무한정 기다려야 했다. 혹독한 추위도 문제지만, 그보다 더 심각한 문제는 깨끗한 식수 확보가 어렵다는 점이었다. 이런 상황에서 로마군은 식량 못지않게 중요한 식수 문제를 어떻게 해결했을까? 깨끗한 식수를 구하기 어려울 때면 물 대용 보급품으로 나오는 와인을 마셨다. 또한 와인은 전투 중에 입은 상처를 치료하는 소독약으로 사용되기도 했다. 한마디로, 로마군에게 와인은 혹독한 환경으로 인한 육체적 고통과 시름을 달래주는 치료제 역할은 물론 전투에 나갈 때 용기를 북돋워주는 묘약이었다.

전쟁을 치르는 로마 군단 보급품 목록에는 와인이 빠지는 법이 없었다. 과거 로마의 정복지, 그중에서도 특히 갈리아에서 출토된 유물이 이를 뒷받침한다. 유적 발굴지에서는 와인을 담아 저장하는 도기 '암포라(amphora)'의 파편이 자주 발견된다. 오늘날에는 와인을 나무통에 담아 보관하는 방식이 보편적이지만, 고대 와인 종주국이었던 오리엔트 세계는 물론 와인 문화를 활짝 꽃피운 그리스에서도 나무통에 와인을 담아 보관한다는 발상 자체가 존재하지 않았다. 고대 오리엔트 시대 이래 오랫동안 와인을 암포라에 담아 저장하고 운반하는 것이 일반적이었다. 그랬기에 로마 군단 역시 암포라를 가지고 다니며 그때그때 병사들에게 와인을 배급했다. 암포라는 흙으로 빚고 구워서 만드는 도기인 까닭에 약한 충격에도 깨지기 쉽다. 아이러니하게도, 그 덕분에 고대 로마 시대 암포라 조각이 오늘날까지 로마 정복지에 잠들어 있다가 후세 연구자들에 의해 발굴되어 당대의 수준 높은 와인 문화를 전해준다.

깨진 암포라가 포함된 문장 장식 디자인

## 참나무통에 와인 보관하는 법을 갈리아 정복 과정에서 피정복민인 갈리아인에게 배운 로마인

고대 로마의 탐욕스러운 정복 활동은 와인 문화에 일대 혁명을 일으켰다. 그중 하나로, 당시 와인 저장 용기가 도기로 만든 암포라에서 목제 통으로 바뀌는 혁신적인 변화가 일어났다.

이 혁명은 로마의 갈리아 정복 과정에서 이루어졌다. 당시 갈리아 지역에 거주하던 이들은 와인이 아닌 맥주를 즐겨 마셨다. 맥주라고 부르기는 했으나, 사실 오늘날의 맥주와 전혀 다른 술이었다. 그 당시에는 아직 맥주 원료로 홉(hop)을 사용하지 않았기 때문이다. 그러므로 오늘날 우리가 마시는 맥주처럼 시원하게 목을 적시는 청량감을 즐기기는 어려웠을 것이다. 그렇지만 갈리아인들은 한껏 기분을 내며 맥주를 시원하게 들이켜곤 했다. 맥주를 맨 처음 나무로 만든 통에 담아 보관하기 시작한 이들이 바로 이 시대의 갈리아인이었다. 이후 로마인은 갈리아인과 교류하는 과정에서 목제 통의 존재를 알게 되었다.

사실 그때까지 로마인이 와인 저장과 운반에 사용하던 암포라에는 치명적인 문제점이 있었다. 그것은 바로 암포라가 충격에 약해 쉽게 파손된다는 점이었다. 운송 도중에 용기가 깨지면 애써 양조한 귀한 와인이 버려질 수밖에 없었다. 더욱이 암포라는 흙으로 빚어 구운 도기이므로 엄청 무거워서 운반하려면 장정 여러 명이 젖 먹던 힘까지 짜내야 했다.

이렇듯 치명적인 단점이 있는 암포라를 갈리아인의 목제 통과 비교해보자. 나무로 만든 통은 어지간해선 파손되지 않는다. 암포라에 비해 한결 가벼워 운반하기도 수월하다.

로마인들은 점차 와인 보관 용기를 암포라에서 목제 통으로 바꿔 사용하기 시작했다. 그러던 중 한 가지 중요한 사실을 깨달았다. 바로 목제 통에 와인을 담아 일정 기간 보관하면 훨씬 맛이 좋아진다는 점이었다. 이물질이 들어가지 않은 목제 통 안에서 와인은 깔끔하고 맛 좋게 숙성되며, 통의 나무 성분이 와인에 흡수된다.

와인 숙성에 참나무(oak) 통을 사용하는 방식이 로마인과 갈리아인의 전쟁 과정에서 생겨났다는 점이 흥미롭지 않을 수 없다. 참고로, 로마인은 초기에 와인 보관 용기로 아카시아, 포플러, 밤나무 등 다양한 나무를 사용했으나, 시대가 지나고 경험이 쌓이면서 향기가 좋은 참나무를 사용하게 되었다.

## 로마의 영토 확장 과정은 와인 문화권 확장 과정이었다?

고대 로마제국은 드넓은 영토를 지배했는데, 이 광활한 제국이 와인 산지로 변모했다. 갈리아를 넘어 게르마니아(오늘날의 독일)까지 진출한 로마 군단은 발을 들여놓는 곳마다 포도를 재배하고 와인을 양조하기 시작했다. 그들은 왜 그토록 포도 재배와 와인 생산에 열을 올렸을까? 물론 초반에는 자신들이 마시기 위해서였다. 그들에게는 와인이 일상생활에서 빼놓을 수 없는 중요한 음료였기 때문이다. 그러다가 점차 판매용 등 여러 용도로 와인 산업이 확장되었다.

로마제국 확장기에 와인 생산이 가장 활발했던 지역은 오늘날 프랑스에 해당하는 갈리아였다. 그 무렵, 갈리아에서는 나르보넨시스(Narbonensis)라는 남프랑스 일대의 속주에서 와인 제조가 활발히 이루어졌다. 그 후 포도 재배 지역이 서서히 북상하며 가론(Garonne)강 유역 부근, 부르고뉴, 루아르(Loire)강 부근, 파리 부근 등지로 범위가 넓어졌다. 흥미롭게도, 파리 부근을 제외하면 오늘날의 와인 명산지와 대략 일치한다. 좀 더 흥미로운 사실은 이미 고대 로마 시대 때 프랑스산 명품 와인이 대대적으로 생산되고 광범위하게 유통되었다는 점이다. 참고로, 나르보넨시스는 오늘날의 랑그도크루시용(Languedoc-Roussillon)과 프로방스(Provence) 지방에 해당하며, 현재 이들 지역은 비교적 저렴하면서도 일정 수준 이상의 맛과 품질을 안정적으로 유지하는 와인을 지속적으로 공급한다.

게르마니아에서는 어땠을까? 이 지역에서는 모젤(Mosel)강 연안, 오늘날의 트리어(Trier) 등지가 와인 생산 중심지로 자리 잡았다. 로마는 트리어에 군단 거점을 확보한 뒤 모젤강으로 이어지는 라인(Rhein)강을 게르만인의 침략을 막기 위한 방어 전선으로 삼았다. 이후 이 지역에서 독일산 모젤 와인이 탄생했다.

로마군이 본격 진출한 이후 갈리아와 게르마니아에서는 와인 문화가 발달했다. 그 결과, 이 지역에서 생산되는 와인이 로마의 본거지인 이탈리아반도에서 생산되는 와인의 품질을 뛰어넘기 시작했다. 그중에서도 특히 트리어와 파리 부근에서 생산되는 와인은 이탈리아 본토에서도 인기를 끌었다. 심지어 알프스 이북에서 생산되는 와인이 로마 본국에 수출되기 시작했다.

갈리아와 게르마니아, 즉 프랑스와 독일에서 와인 양조를 시작한 역사는 이례적이다. 아니, '이례적'이라는 표현으로는 부족하다. 그보다는 세계사와 와인 역사를 통틀어 비슷한 사례를 찾기 힘들 정도로 특별한 사건이라고 해야 하지 않을까? 그전까지 와인은 서아시아, 이집트 등 주로 무더운 기후 조건을 가진 지역에서 생산되었다. 사실 유럽에서는 그전에도 온난한 지중해성 기후의 이탈리아반도와 그리스 등지를 중심으로 포도를 재배해왔다. 그리스, 이탈리아를 아우르는 남유럽은 태양의 혜택을 듬뿍 받아 포도 재배와 와인 생산에 유리한 조건이었다. 그러나 프랑스와 독일에는 기후가 한랭한 지역이 주로 분포돼 있다. 연중 우중충한 날씨와 서늘한 기후는 포도 재배에 적합하지 않고 가혹한 기후 조건일 수밖에 없는데, 이런 열악한 환경을 극복하고 포도 농사를 지어 와인을 생산한 것이다. 그런데 갈리아와 게르마니아에서 생산된 포도알은 젊은 여인의 유두처럼 탱글탱글해지고, 꿀이라도 머금은 듯 당도가 높았다.

로마의 영토 확장을 두 가지 관점에서 파악할 수 있다. 하나는 '와인 문화권의 확장'이고, 다른 하나는 '지배 지역을 라틴화하는 과정'이다. 라틴화한 갈리아 문화를 학자들은 '갈로로마

(Gallo-Roma)'라고 부른다. '갈로로마' 혹은 '로마'라는 이름은 오늘날의 부르고뉴 명품 와인에서 그 흔적을 찾을 수 있다. 그 밖에 로마네콩티(Romanée-Conti), 로마네생비방(Romanée-Saint-Vivant), 라 로마네(La Romanée) 등의 명품 와인에도 로마의 흔적이 남아 있다. 그중에서 특히 로마네콩티는 와인 애호가가 아니라도 한 번쯤 들어본 적 있을 정도로 유명한 와인이다. 참고로, '로마네콩티'란 이 명품 와인을 생산하는 구역의 명칭이다. 당연하게도, 이 이름에 붙은 '로마네'는 로마에서 유래했다. 말하자면, 갈로로마 시대에 부르고뉴 등지에 뿌리내린 와인을 중심으로 하는 로마 문화에 경의를 표하며 생산자들이 붙인 이름이라고 할 수 있다.

## 가톨릭교회 수도사들은 왜 그토록 와인 양조에 심혈을 기울일 수밖에 없었을까

팔레스타인 지역에서 나사렛 예수가 등장해 기독교를 창시했다. 본래 기독교는 유대교의 뿌리에서 갈라져 나왔는데, 흥미롭게도 기독교와 유대교는 모두 와인과 떼려야 뗄 수 없는 연관성이 있다.

유대교 세계에서 와인은 필수 음료로, 중요한 종교 행사에 빠지지 않고 등장한다. 이를테면 유대인들이 고대 이집트 신왕국 노예 생활의 속박과 굴레에서 벗어나 해방을 맞이한 날을 기념하는 유월절에는 와인 네 잔, 혼인 잔치에서는 두 잔, 할례 의식에서는 한 잔을 마시는 식이다.

유대교도 출신인 예수는 이런 말을 남겼다.

> 나는 참포도나무요 내 아버지는 농부라. 무릇 내게 붙어 있어 열매를 맺지 아니하는 가지는 아버지께서 그것을 제거해버리시고 무릇 열매를 맺는 가지는 더 열매를 맺게 하려 하여 그것을 깨끗하게 하시느니라.(요한복음 15:1~2)

> 포도나무에 붙어 있지 아니하면 스스로 열매를 맺을 수 없음같이 너희도 내 안에 있지 아니하면 그러하리라. 나는 포도나무요 너희는 가지라. 그가 내 안에, 내가 그 안에 거하면 사람이 열매를 많이 맺나니 나를 떠나서는 너희가 아무것도 할 수 없음이라.(요한복음 15:4~5)

위 인용문에서 보듯, 예수는 '포도나무' 비유를 들어 설명했다. 그뿐만 아니라 예수에 관한 일화 중 '가나안 혼인 잔치의 기적'처럼 와인과 관련도 사례도 종종 눈에 띈다.

예수의 가나안 혼인 잔치의 기적을 좀 더 자세히 살펴보자. 예수가 열두 제자, 어머니 마리아와 함께 갈릴리의 가나안에서 어떤 이의 결혼 잔치에 참석했을 때 일이다. 당시 유대인 결혼식에서는 하객들에게 와인을 제공했는데, 잔치 도중 와인이 바닥났다. 그러자 예수는 유대인들이 정결 의식에 사용하는 커다란 돌

파올로 베로네세, 〈가나안 혼인 잔치〉 세부, 16세기, 캔버스에 유채, 677×994cm, 루브르 미술관

항아리 여섯 개에 물을 가득 채워오라고 하인들에게 지시한 뒤 그 항아리의 물을 떠서 연회 책임자에게 가져다주라고 했다. 그러자 놀랍게도 항아리 속 물이 전부 와인으로 변해 있었다. 그것도 보통 와인이 아닌, 잔치에 참석한 모든 하객이 감탄사를 터뜨릴 정도로 훌륭한 품질의 와인이었다.

가나안 혼인 잔치에서 일어난 기적은 예수와 당대 유대교 신자들이 와인을 얼마나 귀하게 여겼는지 잘 보여준다. 당시 결혼식과 같은 중요한 행사에서는 품질 좋은 와인이 빠지지 않았다. 예수는 와인이 떨어져 곤란한 상황에 놓인 혼주를 위기에서 구해주기 위해 몸소 기적을 일으켰다.

여기에 더해 가나안 혼인 잔치 일화는 후세의 와인 생산과 제조에도 큰 영향을 끼쳤다. 뒤에서 좀 더 자세히 살펴보겠지만, 유럽 중세 시대에 와인의 품질 향상에 가장 많은 공을 들인 이들은 프랑스 부르고뉴에 본거지를 두고 있던 가톨릭교회 수도회 중 하나인 시토회였다.

예수가 가나안 혼인 잔치에서 물로 모든 하객이 감탄할 정도로 훌륭한 와인을 만들어낸 사실을 전제로 생각해보자. 예수가 기적을 일으켜 품질이 뛰어난 와인을 만들어냈다면, 무릇 예수의 뜻을 따르는 이들 역시 품질 좋은 와인을 생산해야 한다. 따라서 예수를 하느님의 아들로 믿고 따르는 이들은 예수를 본받아 좋은 와인을 양조하는 데 혼신의 노력을 다할 수밖에 없다. 실제로 이런 정신이 훗날 시토회 수도회에 깃들어 수도사들은 와인 품질 향상에 모든 힘과 시간, 지식과 경험을 쏟아부었다. 시토회 수도회의 종

지도 2

갈로 로마 시대에 개척된 알프스 이북의 포도밭

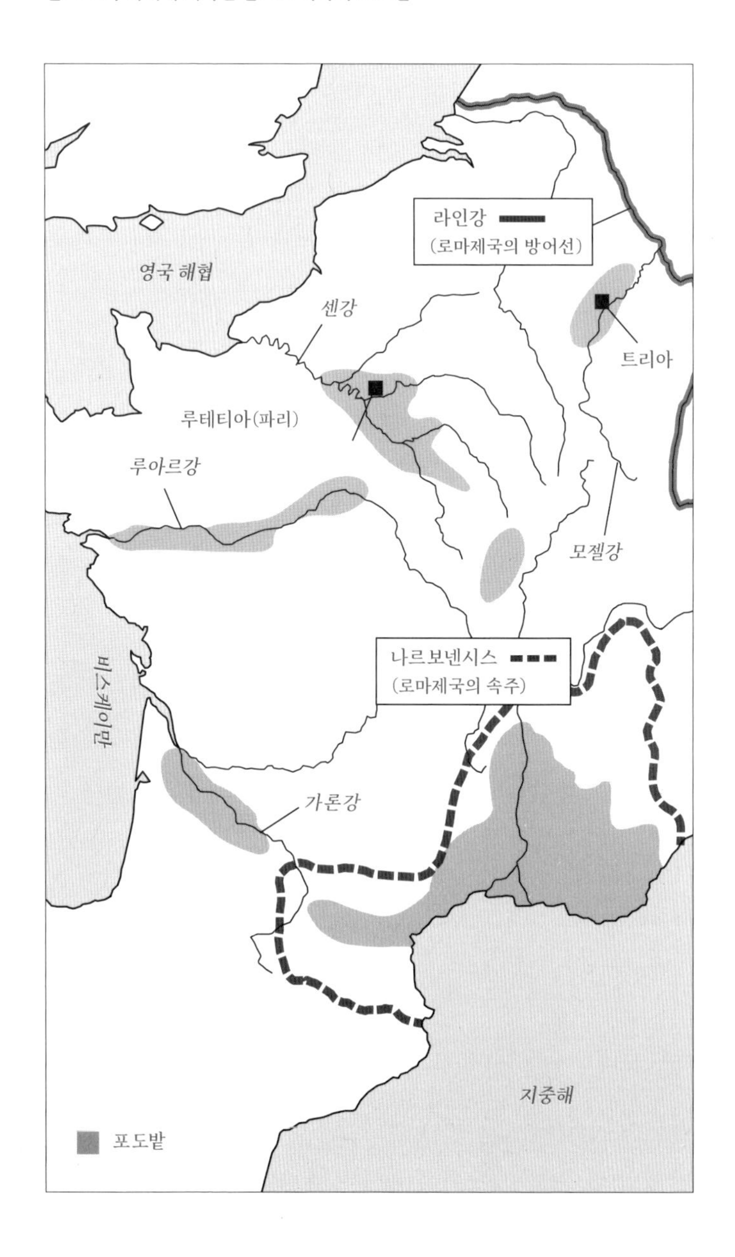

교적 열정의 연장선에서 오늘날 세계 최고 와인 생산지 중 하나인 부르고뉴의 위대한 포도밭이 개척되었다고 해도 지나치지 않다.

## 와인으로 인해 치명적 타격을 입은 로마제국의 기독교

기독교와 와인의 관계는 저 유명한 레오나르도 다 빈치의 작품 〈최후의 만찬〉이 결정타를 날리는 사건으로 작용하며 서로 뗄 수 없는 연관성을 갖게 되었다.

〈최후의 만찬〉은 예수가 자신의 죽음이 임박했음을 예감한 뒤 열두 제자와 함께하는 마지막 식사 장면을 그린 것이다. 하느님께 기도를 올린 뒤 예수는 빵을 찢어 제자들에게 하나하나 건네며 "이것은 내 몸이다"라고 말했다. 그런 다음, 예수는 와인이 담긴 잔을 제자들에게 건네며 "이것은 나의 피다. 많은 사람의 죄를 사해주기 위해 내가 흘리는 언약(言約)의 피다"라고 말했다.

이렇듯, 예수는 와인이 자기 피를 상징한다는 점을 명확히 일깨워주었다. 또한 그는 와인을 마시는 행위 자체가 하느님의 아들 예수를 믿고, 또 하느님을 믿는 행위로 이어진다는 사실을 몸소 보여주었다.

'최후의 만찬' 이후 기독교에서 와인은 신앙 생활에 빼놓을 수 없는 매우 중요하고도 성스러운 음료로 자리매김했다. 특히 와인은 성찬식의 필수 요소로 자리 잡았으며, 가톨릭의 미사와 개신

교의 예배에서 빼놓을 수 없는 액체로 뿌리내렸다.

최후의 만찬에서 와인은 예수의 '부활'을 상징한다. 앞에서 설명했듯, 고대 오리엔트 세계에서는 포도나무 열매인 포도가 발효되어 와인으로 변화하는 장면과 그 과정에서 '재생'의 개념을 발견했다. 발효 과정에서 포도는 새로운 액체 와인으로 '재생'한다. 와인은 '재생', 그리고 한발 더 나아가 '부활'을 상징한다. 이런 맥락에서 예수가 십자가에서 처형된 후 부활했듯, 최후의 만찬에서 사용된 와인은 예수의 부활을 예고했다.

기독교가 탄생하고 발전하면서 독자적인 세력을 형성해갈 무렵, 이 종교는 한동안 로마제국 안에서 모진 박해를 받았다. 기독교는 왜 로마인에게 박해받았을까? 여러 이유가 있겠으나, 사람(정확히는 예수)의 몸과 피를 '빵', '와인'과 동일시하는 교리 및 행위가 시민에게 거부감을 주었을 가능성이 높다는 해석이 설득력을 얻는다. 아무튼, 그럼에도 거대한 제국 안에서 기독교 신자 수는 갈수록 기하급수적으로 늘어나 4세기 말에 급기야 테오도시우스 황제(Theodosius, 재위 379~395)의 칙령으로 기독교는 로마의 국교로 자리매김했다.

기독교의 급속한 확산은 '와인의 세계화'로 이어졌다. 그 후 오래 지나지 않아 로마제국은 멸망해 역사의 뒤안길로 사라졌으나, 기독교 교회와 수도회는 혼돈에 빠진 서유럽의 질서를 유지하는 주체로 자리매김했다. 그리고 와인은 수도회를 통해 명맥이 이어져 문화를 창조하고 독창적으로 발전시킨 요람이자 인큐베이터가 되었다.

레오나르도 다 빈치, 〈최후의 만찬〉

②

# 와인을 정치에 교묘히 활용한 프랑크 왕국의 카롤루스 대제

## 독일과 이탈리아반도의 와인 문화를 쑥대밭으로 만든 게르만족 대이동과 수많은 전쟁

4세기 후반 이후 서유럽은 격동과 파란, 재편과 재구성의 시대를 맞이했다. 이런 상황은 아시아 방면에서 쳐들어오는 훈족에게 겁먹고 로마제국 영토 안으로 쏟아져 들어온 게르만족에 의해 촉발되었다. 그 과정에서 서로마제국은 견디지 못하고 476년 붕괴했다.

게르만 민족은 이탈리아반도로 물밀듯이 쏟아져 들어왔다. 그러는 사이 이탈리아반도에서는 동고트족이 북이탈리아에 왕국을 세우는가 싶더니, 순식간에 동로마제국(비잔틴제국)에 의해 멸망했다. 그 무렵 서고트족, 랑고바르드족, 반달족이 이탈리아반도를 집요하게 침략했다. 게다가 발트해 남부에 정착해 살던 부르군트인들이 대이동해 오늘날 프랑스 부르고뉴 지방에 터를 잡고 살기 시작했다.

게르만족의 대이동으로 서유럽 와인 세계는 대대적으로 파괴되고 눈에 띄게 축소되었다. 그들의 발길에 무참히 짓밟힌 포도밭이 적지 않았다. 이런 참담한 상황은 서로마제국 붕괴 시기에만 일어난 것이 아니다. 그때로부터 1,000년도 더 지난 17세기에 벌어진 30년 전쟁 당시에도 독일 전역의 포도밭이 잔인한 군홧발에 짓밟혀 6분의 1 이하로 크게 줄어들었다. 이러한 사실을 전제로, 게르만족 대이동 혹은 그들 간 전쟁이 유럽 전역의 포도밭과 독일 및 이탈리아반도의 와인 수난 시대를 초래했다고 추론할 수 있다. 이로써 이탈리아반도에서 자리매김했던 와인 문화와 갈리아에서 한창 자라나던 와인 세계는 역사상 가장 큰 위기에 맞닥뜨렸다.

서로마 붕괴 시기에 천만다행으로 서유럽의 와인 문화와 와인 세계는 아슬아슬한 지점에서 운 좋게 위기에서 벗어났다. 흥미롭게도, 한동안 와인 파괴자였던 게르만족이 시나브로 와인 맛을 알아가기 시작한 덕분이다. 이후 게르만족이 와인의 쓸모와 풍미, 가치를 알게 되면서 차츰 포도밭을 망가뜨리지 않게 되었다. 그 연장선에서 그들은 로마인의 몸값으로 와인을 강제로 빼앗았고, 술 창고를 노략질할지언정 와인의 원천인 포도밭은 일절 손대지 않았다.

게르만족 대이동을 촉발한 훈족의 왕 아틸라(Attila, 재위 434?~453)도 여기에서 예외는 아니었다. 그 역시 와인 맛에 매혹되었다. 당시 아틸라의 군단은 프랑스 샹파뉴 지방까지 진격한 뒤 동유럽으로 돌아갔다. 여담이지만, 아틸라의 무덤으로 추정되는 장소에 와인을 담은 항아리가 있었다는 설이 있는데, 사실로 밝혀지지는 않았다.

## 와인이 중세 시대 가톨릭교회가 수익을 창출하고 경제력을 키우는 주요 수단으로 자리 잡을 수 있었던 은밀한 이유

5~8세기에는 서유럽의 와인 세계와 와인 문화가 급격히 위축되고 축소되었다. 이 시기에 서유럽에서는 각지의 교회와 수도회가 와인의 명맥을 이어 나갔다. 실제로 당대 교회와 수도회는 각지의 포도밭을 소유하며 포도를 재배했으며, 와인을 양조해 경제력을 키워나갔다.

당시 기독교와 와인이 밀월 관계를 유지해온 데는 그럴 만한 몇 가지 이유와 배경이 있었다. 첫째, 기독교 성찬 예식에 와인이 빠지지 않는다. 기독교는 와인과 접점을 유지하며 꾸준히 성장했다. 기독교 신자 수가 늘어날수록 성찬식에 사용할 와인이 더 필요해졌다. 게다가 초기 기독교 신자들은 와인을 약 대용으로 자주 마셨고, 당시 와인은 병자에게 베푸는 자비로 받아들여졌다.

초기 기독교는 와인 생산에 열을 올렸는데, 여기에는 복합적인 동기가 있었다. 와인을 판매해 경제력을 키우는 측면과 와인을 도구로 교회의 지위 향상을 꾀하는 측면이었다.

그렇다면 와인은 어떻게 중세 시대 가톨릭교회가 수익을 창출하고 경제력을 키우는 주요 수단으로 자리 잡았을까? 당시에는 호텔 등 숙박 시설이 거의 없어 교회와 수도회가 여행객에게 잠자리와 먹을거리를 제공했다. 이때 수도회와 교회는 여행객에게 와인을 판매해 수익을 창출했다. 여행객의 신분은 다양했다. 왕족이나 귀족 등 신분이 높은 이들도 교회와 수도원을 가끔 찾았다. 그럴 때면 수도원은 최고급 와인을 내놓았는데, 이는 절대로 밑지는 장사가 아니었다. 왜냐하면 최상품 와인을 마시고 기분이 좋아진 왕족이나 귀족들이 토지를 기부하는 등 콩고물이 자주 떨어졌기 때문이다.

부르고뉴에 사는 아말게르(Amalgaire) 공작은 주베르(Joubert) 등의 포도밭을 베즈(Bèze) 수도원에 기부했다. 그리고 훗날 베즈 수도원의 밭에서 오늘날에도 유명한 샹베르탱클로 드 베즈(Chambertin-Clos de Bèze) 와인이 탄생했다. 서유럽에 아직 드넓은 지역을 아우를 만큼 강력한 세력이 형성되지 않던 시대에 교회와 수도회는 해당 지역의 실력자가 믿고 의지할 버팀목 같은 존재였으며 중요한 와인 공급처였다.

수도회에서 일하는 수도사들을 위해서도 와인은 필요했다. 수도회에서는 자급자족 생활이 원칙이었기에 포도 재배가 수도사의 의무에 포함돼 있었다. 이런 상황에서 하루도 손을 놓을 수 없는 고된 농사일은 수도사를 종종 시험에 들게 했다. 그런 터라 지친 육신의 피로를 풀어주고 활력을 주는 자양강장제 역할을 하는 와인이 그들에게는 꼭 필요했다.

서유럽 기독교 세계에서 근면 성실을 중시하는 수도회 선구자로 성 베네딕도(Sanctus Benedictus de Nursia)가 세운 성 베네딕도회는 이탈리아에 몬테카시노 수도원을 세운 뒤 "기도하고 일하라"라는 규범을 내걸었다. 성 베네딕도회는 서유럽 전역으로 퍼져나갔으며, 서유럽에 기독교의 확장을 꾀하는 전초 기지 역할을 했다.

성 베네딕도회 수도원에서는 수도사들이 포도를 재배하고 와인을 양조했다. 그런데 아이러니하게도 성 베네딕도회 규범에는 "되도록 금주하라"와 "술을 마시더라도 과음하지 말라"라는 항목이 있었다.

"각 사람에게 하루 한 헤미나의 포도주면 충분하리라 봅니다."

한 헤미나는 약 270밀리리터이니, 와인 한 병의 3분의 1 정도 되는 양이다.

"만일 그 지역의 필요성이나 힘든 노동 혹은 여름철 더위로 인해 좀 더 요구되는 경우라면 예외로 인정되겠지만……."

위 두 인용문은 성 베네딕도가 남긴 말이라고 한다.

그런 성 베네딕도도 와인의 효능까지 부정하지는 않았다. 그는 매사에 근엄했으나 관용을 아는 인물이었던지 선을 넘지 않는 한도 내에서 '흥청거리는 연회'를 허용해주었다. 실제로 그는 평소에 베네딕도회 수도사들이 매우 검소하게 생활하는 점을 고려해 가끔 열리는 연회에서 기분 전환하라는 취지로 고기와 와인을 허용했다고 한다.

## 유럽의 패권자였던 카롤루스 대제는 왜 와인 양조와 유통에 온 힘을 기울였을까

프랑크 왕국의 군주 카롤루스 대제(Carolus Magnus, 재위 768~814)는 세계사만이 아니라 와인 역사에서도 매

지도 3

프랑스의 포도밭

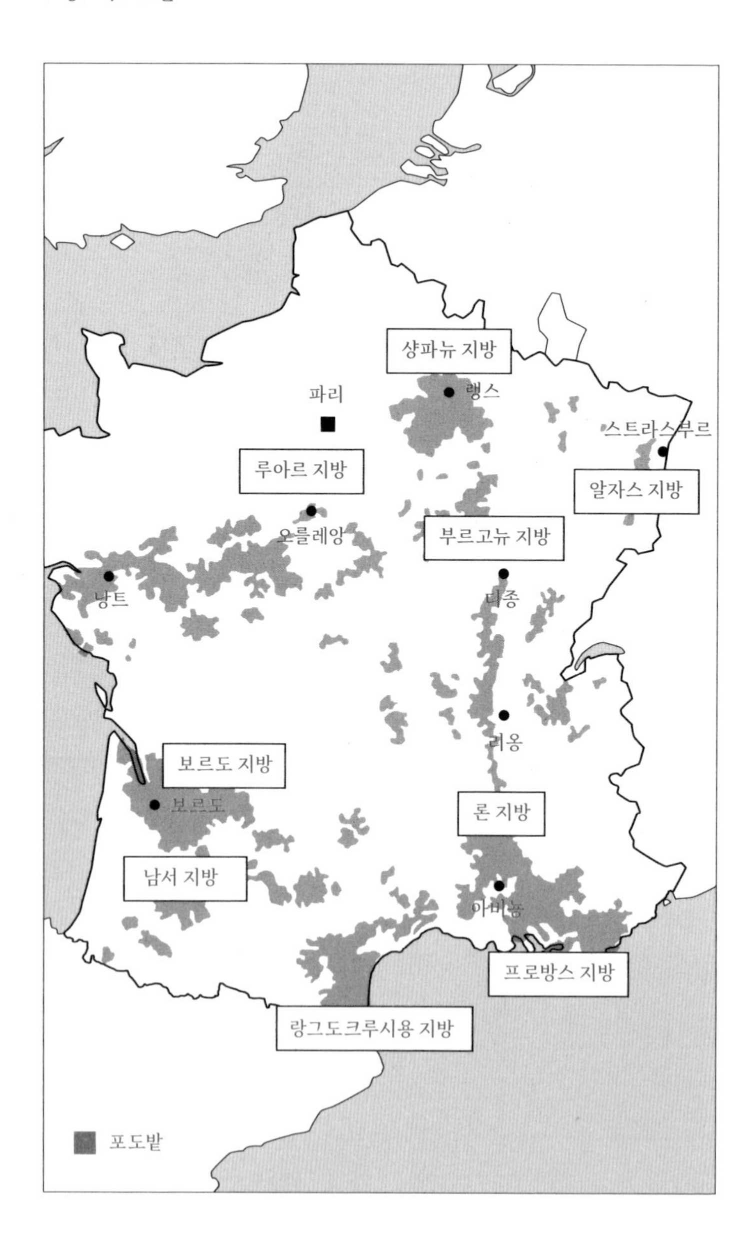
샹파뉴 지방
랭스
파리
스트라스부르
루아르 지방
알자스 지방
오를레앙
부르고뉴 지방
낭트
디종
리옹
보르도 지방
보르도
론 지방
남서 지방
아비뇽
프로방스 지방
랑그도크루시용 지방
포도밭

우 중요한 역할을 해냈다. 프랑스에서는 그를 '샤를마뉴'로 부르고 라틴어권에서는 '카롤루스'로 부르는데, 여기에 '대제'를 붙여 '카롤루스 대제'로 지칭하기도 한다.

카롤루스 대제가 등장하기 전부터 프랑크 왕국은 서유럽에서 주목할 만한 세력으로 성장해 있었다. 그 물줄기를 거슬러 올라가다 보면 8세기 전반기에 다다른다. 당시는 날 선 칼이 대나무를 쪼갤 듯한 기세로 거침없이 세력을 확장해가던 이슬람군이 피레네산맥을 넘어 갈리아 대평원을 침공했을 때다. 프랑크 왕국이 맞닥뜨린 절체절명의 위기를 극복하고 나라를 구한 이는 막강한 권력을 가진 재상 격이던 궁재(宮宰) 카롤루스 마르텔루스(Carolus Martellus, 680~741)였다. 그의 아들 피핀(Pippin)은 메로빙거 왕조의 숨통을 끊고 카롤링거 왕조를 세운 인물로, 훗날 기독교로 개종했다.

카롤루스 대제는 서로마제국이 붕괴한 이후 조각조각 나뉜 서유럽 세계를 재통합한 인물이다. 그가 역사의 무대에 본격적으로 등장한 시기는 8세기 후반이다. 그는 로마 교황의 요청으로 이탈리아반도에서 랑고바르드족과 싸워 랑고바르드 왕국을 멸망시켰다. 동방에서는 유목 민족인 아바르족의 침공을 격퇴했으며, 작센 지방 공략을 시작으로 오늘날의 프랑스와 독일, 이탈리아 북부를 프랑크 왕국 영토에 편입시켰다. 이후 카롤루스 대제는 '유럽의 아버지'라는 이름으로까지 불렸다.

유럽을 평정한 카롤루스 대제는 800년 12월 25일 로마에서 교황 레오 3세(Leo III, 재위 795~816)가 씌워주는 왕관을 쓰고 대관식을 치렀다. 크리스마스에 열려 이 대관식은 '800년의 크리스마스'라는 별칭으로도 유명하다. 이때부터 카롤루스 대제는 로마 교회의 수호자를 자처했다.

기독교의 수호자이자 당대 유럽의 패권자였던 카롤루스 대제는 활발한 정복 활동을 펼치는 한편으로 자기 왕국 안에서 와인 양조에 온 힘을 기울였다. 그는 왕국 전역에 세워진 교회에 토지를 하사하고 와인 양조를 독려했다.

카롤루스 대제는 직접 발 벗고 나서 와인 양조 방식까지 세세하게 지도하는 등 철저히 관리하고 감독했다. 또 포도를 발로 밟아 으깨어 과즙을 내는 방식을 금지하기도 했다. 당시는 포도 압착기가 없어 이 명령에 따르지 않는 농가도 많았기에, 그의 명령은 지나치게 시대를 앞서가는 비현실적인 조치라 하지 않을 수 없다. 하지만 그의 명령은 와인 양조에 '위생 개념'을 본격적으로 도입해 와인을 신성한 음료로 거듭날 수 있게 한 획기적인 조치였다. 또한 그는 위생을 고려해 와인을 가죽 부대에 저장하는 관습도 금지했다.

카롤루스 대제는 와인 유통에도 손을 댔다. 그는 와인 생산자가 여행객에게 와인을 직접 판매할 수 있도록 허가했다. 또한 와인 산업 활성화 조치의 하나로, 와인 생산자는 여행객이 와인 판매점임을 한눈에 알 수 있도록 나뭇가지를 간판처럼 내걸어야 한다는 규정을 마련했다. 오스트리아 빈(Wien)의 선술집 호이리게(Heurige)에서는 지금도 간판 위에 소나무 가지를 걸어 와인을 판매하는 곳임을 알리는 방식으로 손님을 끌고 있다.

기독교의 수호자이자 당대 유럽의 패권자였던
카롤루스 대제는 활발한 정복 활동과 병행해
자기 왕국 안에서 와인 양조에 온 힘을 기울였다.

카롤루스 대제

## 독일 라인가우의 요하니스베르크를 와인 명산지로 탈바꿈시킨 두 주인공, 카롤루스 대제와 베네딕도회 수도사들

카롤루스 대제는 와인에 대한 다양한 일화를 남겼다. 와인에 대한 그의 날카로운 안목과 통찰력을 엿볼 수 있는 라인가우(Rheingau)의 일화가 오늘날까지 전해진다.

라인가우는 오늘날 손에 꼽는 독일 와인 명산지인데, 카롤루스 대제가 등장하기 전까지는 포도밭이 거의 없었다고 한다. 라인강 유역의 잉겔하임(Ingelheim, 오늘날 라인헤센 부근)에 머물던 카롤루스 대제가 강 건너편 라인가우의 요하니스베르크(Johannisberg) 산기슭이 초봄에 다른 곳보다 햇볕도 잘 들고 눈이 유난히 빨리 녹는 광경을 발견했다. 그는 단박에 그곳이 포도 재배에 적합한 지역임을 간파하고 포도를 심으라고 명령했다. 역사 기록마다 세세한 부분은 조금씩 다르지만, 어쨌든 카롤루스 대제의 통찰력과 활약으로 오늘날 라인가우가 와인 명산지가 되었다는 사실만은 부인할 수 없을 것 같다.

카롤루스 대제가 이곳에 포도밭을 조성하라고 명령한 이후 요하니스베르크는 독일 와인 역사에 자주 등장해 시대를 이끄는 선봉장 역할을 했다. 그리고 카롤루스 대제와 함께 요하니스베르크를 와인 명산지로 자리매김하게 하는 데 혁혁한 공을 세운 이들이 또 있다. 바로 베네딕도회 수도사들이다. 그들은 11세기 무렵 이 지역에 베네딕도회 수도원을 세우고 '슐로스 요하니스베르크(Schloss Johannisberg, 성 요한 저택)'라는 이름을 붙였다. 이후 이 수도원의 수도사들은 포도 재배와 와인 양조에 온 힘을 쏟았는데, 그 결과 카롤루스 대제가 기반을 닦은 와인 산업이 베네딕도회 수도사들의 노력에 힘입어 더욱 번창했다. 훗날 슐로스 요하니스베르크 와이너리는 비교적 늦게 수확한 포도로 양조한 '슈페틀레제(Spätlese)'와 완숙한 포도만 엄선해서 양조한 와인 '아우슬레제(Auslese)' 등을 배출하며 요하니스베르크를 독일 최고 와인 명산지로 자리매김하게 했다. 뒤에서 좀 더 자세히 살펴보겠지만, 이 지역은 독일 와인을 상징하는 대명사가 되었는데, 19세기에는 오스트리아 수상 클레멘스 폰 메테르니히(Klemens von Metternich)가 이 지역을 소유하기도 했다.

카롤루스 대제는 부르고뉴에도 훌륭한 포도밭을 소유했는데, 이 밭들을 솔리외(Saulieu)에 있는 성 앙도슈(St. Andoche) 수도원에 기증했다는 일화가 전해진다. 이 포도밭은 오늘날 코르통 샤를마뉴(Corton Charlemagne)라는 이름으로 알려져 있다.

## 사과주를 좋아한 카롤루스 대제가 포도 재배와 와인 양조에 열을 올릴 수밖에 없었던 궁극적 이유

카롤루스 대제는 왜 그토록 포도 재배와 와인 양조에 열을 올렸을까? 이에 관한 역사 기록이 거의 남아 있지 않아 그의 의도와 목적을 정확히 알 길은 없다. 반면 그가 실제

지도 4

독일의 포도밭

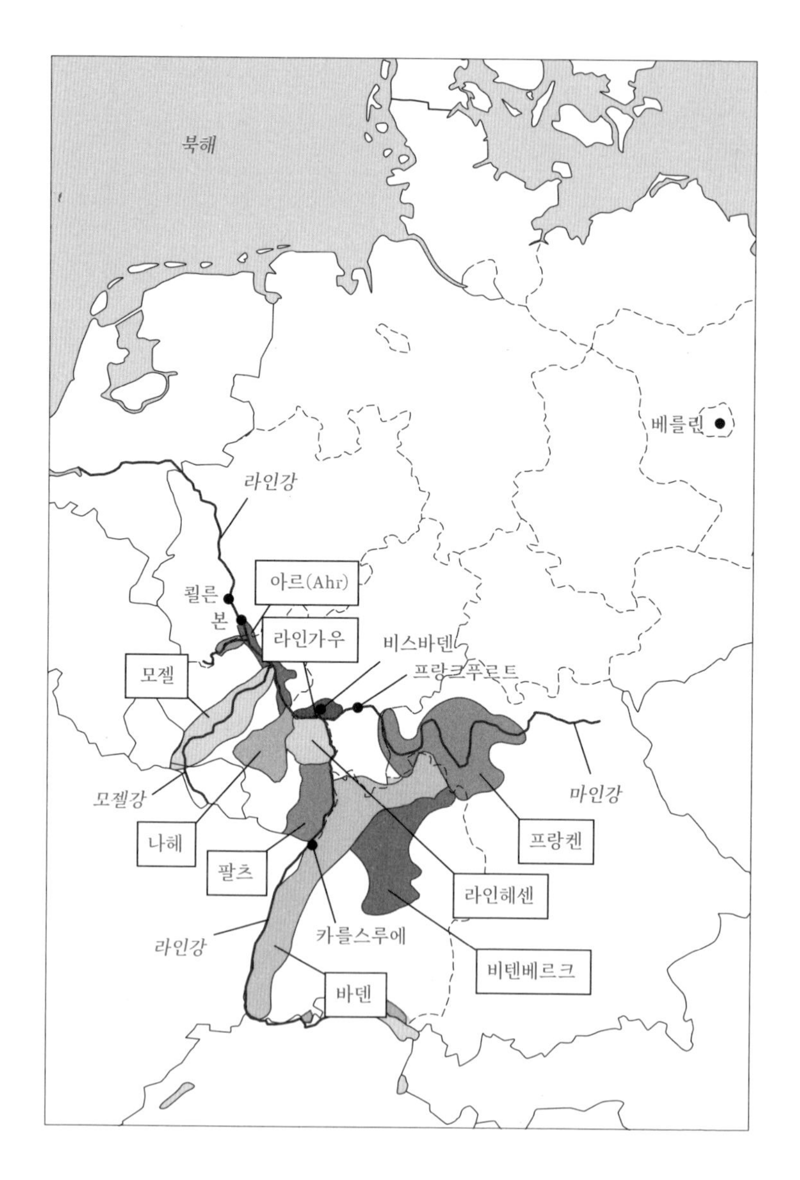
북해
베를린
라인강
아르(Ahr)
쾰른
본
라인가우
비스바덴
프랑크푸르트
모젤
모젤강
나헤
팔츠
마인강
프랑켄
라인헤센
라인강
카를스루에
비텐베르크
바덴

로는 음주를 그다지 즐기지 않았을 뿐 아니라 과음을 경계했다는 기록이 많아 의아해진다. 어떤 역사학자에 따르면 카롤루스 대제는 와인이 아닌 사과주를 좋아했다고 한다. 만약 그의 주장이 옳다면 카롤루스 대제가 와인을 유독 좋아했으며, 훌륭한 와인을 마시기 위해 와인 양조를 장려하고 와인 산업을 발전시켰다는 설은 사실과 약간 다를 수도 있다.

아마도 카롤루스 대제는 왕국을 안정시키기 위해 기독교와 함께 와인을 적극적으로 이용한 듯하다. 뒷받침할 만한 확실한 근거가 부족해 신빙성 있는 주장이라고 할 수는 없으나, 어느 정도 개연성 있는 추측으로 볼 수는 있지 않을까 싶다. 그의 통치 시기에 거대한 왕국으로 급성장한 프랑크 왕국은 마치 어른보다 덩치도 크고 힘도 세지만 미숙한 청소년처럼 여전히 불안정했다. 이 덩치 크고 불안정한 왕국을 제대로 다스리기 위해 그는 어떤 선택을 했을까? 왕국 전역에 흩어져 있는 교회를 적극적으로 활용하는 방법이었다. 이런 맥락에서 그는 제국을 효율적이고도 안정적으로 다스리기 위해 스스로 로마 교황의 보호자임을 자처하고, 각지의 교회를 포섭해 지배의 거점으로 삼았던 게 아닐까.

카롤루스 대제는 교회를 중심으로 와인 생산을 독려하고 와인 산업을 발전시켰다. 그 연장선에서 포도밭 개간이 본격적으로 이루어졌으며 포도 농사, 와인 양조가 활발해져 많은 일자리를 창출했다. 이 과정에서 카롤루스 대제가 성정이 거칠고 다루기 힘든 게르만족을 포도 농사와 와인 생산에 적응시켜 온순한 기질로 변화시키는 부수적 효과도 노렸을 것으로 추정된다.

지도 5

독일 와인의 역사를 뒷받침한 라인가우

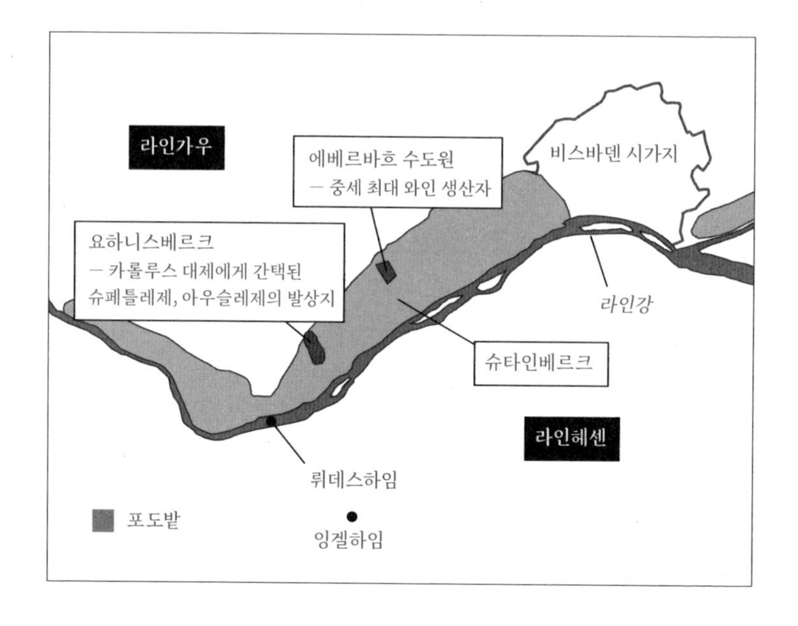

포도 재배와 와인 생산을 독려하면서 카롤루스 대제는 위에 언급한 여러 부수적 효과 외에 더 큰 효과를 기대했다. 그것은 바로 '경제 부흥 효과'였다. 그래서였는지, 카롤루스 대제는 와인 생산 못지않게 유통에도 많은 신경을 썼다. 이를테면 왕국 내 어느 지역에서 남아도는 와인이 있으면 관리들은 지체하지 않고 그 실상을 왕에게 보고해야 했다. 그러면 그는 남은 와인을 판매할지, 판매한다면 구체적으로 누구에게 어떻게 판매할지와 같은 세부 사항까지 모두 직접 결정했다고 한다.

이 일화를 근거로 보면, 카롤루스 대제는 와인을 단순한 상품이 아닌 왕국 전체의 생존과 번영을 위한 핵심 상품이자, 경제의 동맥을 흐르는 '혈액'으로 보았던 게 아닐까 싶다. 이렇듯 카롤루스 대제의 기독교와 와인에 대한 접근 방식은 자나 깨나 효과적인 통치를 염두에 둔 훌륭한 군주로서의 기본적인 가치관과 실행력에서 비롯된 것으로 볼 수 있다. 이런 맥락에서 카롤루스 대제를 프랑크 왕국의 유지와 안정, 한발 더 나아가 성장과 발전을 위해 와인을 매우 영리하게 정치적으로 이용한 노련한 정치인으로 보아도 좋을 것 같다.

### "랭스의 힘은 포도밭에서 나온다"라는 말의 의미

카롤루스 대제는 서유럽의 와인 문화 부흥을 달성한 위대한 개혁자였다. 그는 844년에 세상을 떠났다. 카

## 슐로스 요하니스베르크

### 독일 와인의 상징으로 자리매김한 리슬링 와인

요하니스베르크가 있는 라인가우 지역은 라인강 오른편, 그러니까 북쪽을 바라볼 때 동쪽에 자리 잡고 있다. 이 지방의 포도밭이 있는 경사면은 대부분 남쪽을 향해 있으므로 낮에 햇볕이 잘 든다. 전통적으로 요하니스베르크는 화이트와인 명산지로 널리 알려졌는데, 오늘날에는 레드와인도 생산한다. 와인 명산지라는 찬사에 걸맞게 이 지역에서 생산되는 레드와인 역시 화이트와인과 마찬가지로 평판이 좋다.

독일 와인 하면 많은 사람이 '리슬링(Riesling)'을 떠올릴 정도로 리슬링은 독일을 대표하는 와인으로 자리매김했는데, 뜻밖에도 역사는 그리 길지 않다. 독일에서 리슬링이 와인의 대명사 격이 된 것은 18세기 이후의 일이다. 1720년 무렵 슐로스 요하니스베르크가 리슬링 품종의 포도를 재배하기 시작했다. 오늘날에도 리슬링은 미네랄이 풍부하고 향기로우면서도 차분한 맛으로 사람들을 매혹하며 독일 와인의 상징이 되어 와인 업계를 선도하고 있다.

슐로스 요하니스베르크의 실버락 트로켄(Silberlack Trocken, 2020년)
사진 제공: 고쿠분 그룹 본사(주)(国分グループ本社株式会社)

## 코르통 샤를마뉴

### 부르고뉴를 대표하는 화이트와인

부르고뉴의 코트 드 본(Côte de Beaune)이라고 불리는 지대의 가장 북쪽 코르통 언덕에서는 레드와인, 화이트와인이 생산된다. 품질이 뛰어난 대부분의 레드와인은 '코르통(Corton)', '코르통 브레상드(Corton Bressandes)' 등의 이름으로 판매된다. 그리고 샤르도네에서 생산되는 화이트와인은 위대한 군주 샤를마뉴(카롤루스 대제)의 이름을 따서 '코르통 샤를마뉴(Corton Charlemagne)'로 불렸다.

코르통 샤를마뉴는 부르고뉴에서 생산되는 모든 와인을 통틀어 몽라셰(Montrachet)와 어깨를 견줄 수 있는 몇 안 되는 화이트와인으로 꼽히는데, 진하고도 풍성한 향기는 잘 숙성된 와인의 여운을 길게 남긴다. 널리 알려진 생산자, 즉 도멘(Domaine. 프랑스 보르도 지방에서는 포도밭과 양조장을 '샤토Château'라 하고, 부르고뉴 지방에서는 '도멘'이라고 한다_옮긴이)으로는 보노 뒤 마르트레(Bonneau du Martray), 코슈뒤리(Coche-Dury), 조르주 루미에르(Georges Roumier) 등이 있다. 그 밖에도 루미에르는 부르고뉴를 대표하는 레드와인 생산자인데, 화이트와인도 생산한다.

조르주 루미에르의 코르통 샤를마뉴 그랑 크뤼(2020년)
사진 제공: (주)럭 코퍼레이션(ラックコーポレーション)

롤루스 대제가 타계한 뒤 그의 자손들이 서로 대립하며 프랑크 왕국은 사분오열했다.

고대 로마제국과 함께 오늘날 유럽의 원류이자 뿌리라고 할 수 있는 프랑크 왕국은 베르됭 조약(Traité de Verdun)에 의해 동프랑크, 서프랑크, 중프랑크 왕국(로타르 왕국)으로 나뉘었다. 843년 일이다. 동프랑크 왕국은 오늘날의 독일, 서프랑크 왕국은 프랑스, 중프랑크 왕국 중 알프스 이남은 이탈리아가 되었다.

프랑크 왕국에서 분화된 프랑스를 통치한 세력은 위그 카페(Hugues Capet, 재위 987~996)에서 시작된 카페 왕조다. 위그 카페는 로렌 대공 샤를과 싸워 이긴 후 국왕 자리에 올랐다. 당시 랭스(Reims) 대성당 대주교였던 아르눌푸스 레멘시스(Arnulf de Reims, 재위 989~1021)는 위그 카페가 왕으로 선출되도록 물밑 공작을 폈다. 그는 귀족들을 구워삶아 위그 카페를 지지하게 한 뒤 자신이 직접 나서서 지원 연설까지 했다. 현재 랭스는 샹파뉴 지방에 속해 있다. 이 지역 대주교가 지지한 인물이 왕으로 선출되었다는 것은 무엇을 의미할까? 이는 당시 랭스가 프랑스 왕가에 강력한 영향력을 행사했음을 보여준다.

랭스는 프랑스에서 가장 상징성이 큰 도시다. 랭스에는 프랑스 국왕의 대관식을 거행하는 대성당이 있기 때문이다. "랭스의 힘은 '포도밭'에서도 나온다"라는 말이 있는데, 이는 무슨 의미일까? 랭스는 최상급 포도를 생산하는 지역들을 아울러 강력한 리더십을 발휘하며 대외적으로 막강한 영향력을 미쳤다. 실제로 중세부터 근세에 이르기까지 오랫동안 랭스 부근에서 생산되는 와인은 부르고뉴 와인과 함께 프랑스를 대표하는 명품 와인의 반열에 올랐다. 참고로, 발포성 와인의 대명사 격인 샴페인도 이 지역에서 탄생했다. 따라서 랭스의 힘이 포도밭에서 나온다고 해도 지나치지 않은 셈이었다.

이렇게 랭스가 힘을 실어준 카페 왕조는 마침내 프랑스의 지배자가 되었다. 그러나 당시 왕의 권위는 프랑스 전역에 미치지 못했으며, 왕조 초기에는 파리 부근만 통치하는 수준이었다. 초창기 카페 왕조는 사람들이 흔히 생각하는 것보다 훨씬 세력이 미약한 왕조였다.

많은 학자는 카페 왕조가 파리를 통치의 중심지로 삼았다고 분석한다. 이 왕조는 센 강변의 분지에서 세력을 형성하고 뻗어 나갔기 때문이다. 그런데 '와인'을 중심에 놓고 역사를 조망한다면 "당시 파리 주변에는 포도밭이 많았기 때문에 카페 왕조가 파리를 수도로 정했다"라고 기술되어야 할 것이다. 비록 지금은 파리 주변에서 포도밭이 대부분 자취를 감추었으나, 이곳은 카페 왕조 시대 때 훌륭한 포도·와인 생산지였다. 아니, 좀 더 정확히 말하자면 파리 주변 지역에는 고대 로마제국 시대 때부터 광대한 포도밭이 존재했다.

카페 왕조 시대에 이미 와인은 프랑스라는 국가를 윤택하게 해주는 은총이자 젖줄과도 같은 고마운 존재였다. 당시 와인은 서민이 감히 넘보기 어려운 고급품이었음에도 시장에서 활발히 유통되는 매력적인 상품이었다. 파리 주변 지역에서 생산되는 와인은 유럽의 북쪽 국가나 지역에 사는 사람들에게 특히 인기가 높았다. 이는 기후 문제로 인해 포도 재배와 와인 양조 자체가 녹록지 않았기 때문이다. 당시 파리의 와인은 시내를 관통해 흐르는 센강 수운을 이용해 플랑드르와 브리튼섬까지 원활히 운송되었다.

카페 왕조는 왕실 소유의 포도밭에서 생산되는 포도로 양조한 와인을 판매하는 일에 열을 올렸다. 왕실 소유의 포도밭은 주로 파리 주변에서 하천과 가깝고 양지바른 경사면에 자리 잡고 있었다. 이는 포도밭이 강과 가까우면 배를 이용해 포도나 와인을 수출하기에 편리했기 때문이다.

당대 카페 왕조는 '와인 우선 판매권'을 보유하고 있었기에 경쟁 관계에 있는 다른 포도밭 소유주들보다 빠르게 시장에 진출해 와인을 판매할 수 있었다. 당시 와인은 1년만 지나도 산화해서 마실 수 없는 상태가 되곤 했기에 카페 왕조는 와인 우선 판매권으로 시장을 선점함으로써 독점에 가까운 막대한 이익을 차지할 수 있었다.

유통, 저장 등의 문제로 당시에는 처음 석 달 정도 기간에만 제대로 된 와인을 마실 수 있었다. 그러므로 새로 담근 와인일수록 인기가 높을 수밖에 없었고, 오래된 와인보다 훨씬 비싼 값에 팔렸다. 이런 점을 정확히 간파한 카페 왕조는 '와인 우선 판매권'을 활용해 돈방석에 앉았으며 왕실 재정을 확충했다. 이처럼 와인의 위력을 잘 이해하고 영리하게 활용할 줄 알았던 카페 왕조는 와인을 생산·판매하고 여러 용도로 활용하기 좋은 파리를 수도로 삼았다.

## 와인을 무기로 부르고뉴의 봉건 영주들을 주무르고 교황청에까지 영향력을 휘두른 베네딕도회의 클뤼니 수도원

프랑크 왕국의 군주이자 '대제'로 추앙받은 카롤루스 대제는 교회를 중심으로 와인 산업을 정책적으로 육성했다. 중세 유럽에서 기독교 교회와 수도회는 그야말로 와인 산업의 중심 기지였다. 그들은 와인을 적극적으로 생산하는 한편, 교회의 개혁자가 되고자 노력했다.

클뤼니 수도원(Abbaye de Cluny)은 열정적인 와인 생산자이자 교회 개혁자로 나선 중세 종교 기관의 효시로 일컬어질 만하다. 클뤼니 수도원은 10세기 초반 부르고뉴에서 탄생했다. 당시 배가 부를 대로 부른 교회는 나태하다 못해 타락의 조짐을 보이기 시작했다. 봉건 영주가 사적으로 소유한 개인 교회도 한둘이 아니었다. 마치 오늘날의 문제 많은 사립학교처럼, 교회는 봉건 영주가 마음대로 주무를 수 있는 사적 기관이었다. 이런 식으로 고인 물이 썩기 시작하자 시나브로 자정 작용이 나타났다. 클뤼니 수도원의 개혁 운동은 부패한 중세 서유럽 기독교계를 대대적으로 개혁하기 위한 정화 운동으로 시작되었다.

클뤼니 수도원은 성 베네딕도회에 속했다. 성 베네딕도는 "기도하고 일하라"라는 핵심 수도 규칙을 근간으로 클뤼니 수도원을 서유럽에서 가장 강력한 영향력을 지닌 수도원으로 키워냈다. 열심히 일하고 교회 개혁에 앞장서며 몸소 본보기를 보이는 모범적인 수도사들이 모인 클뤼니 수도원은 나날이 성장했다. 일부 학자는 클뤼니 수도원이 교황의 지위와 권위를 높여놓았다고 주장하기도 한다.

부르고뉴라는 지정학적 위치와 와인은 교황의 권위와 지위를 높여놓을 정도로 크게 성장한 클뤼니 수도원이 가진 힘의 원천이었다. 부르고뉴는 동프랑크 왕국, 즉 오늘날의 독일과 서프랑크 왕국, 즉 오늘날의 프랑스 세력 사이에 낀 분쟁 지역이었다. 서프랑크 왕국의 계승자인 프랑스는 부르고뉴를 동프랑크 왕국을 막을 방어선으로 규정하고 전략적으로 클뤼니 수도원을 지원했다. 이후에도 클뤼니 수도원은 프랑스 국왕의 지원으로 승승장구하며 꾸준히 성장했다. 클뤼니 수도원이 지역의 실세로 떠오르자, 부르고뉴의 봉건 영주들은 클뤼니 수도원에 의지할 수밖에 없었다. 따라서 그들은 토지를 기부하는 등 환심을 사고자 했다.

당시 서유럽에서는 농민들이 철로 만든 농기구를 사용하기 시작하면서 농업혁명이 일어났다. 클뤼니 수도원은 대규모 농지를 소유했는데, 그것이 강력한 경제력의 원천이 되었다.

클뤼니 수도원이 소유한 토지 중에는 드넓은 포도밭도 포함돼 있었다. 부르고뉴에는 고대 로마제국 말기부터 이미 포도밭이 존재했다. 비록 오늘날의 명성에 비할 바는 아닐지라도, 부르고뉴는 예로부터 와인으로 이 지역 기득권자들의 삶을 윤택하게 해주었다.

클뤼니 수도원의 기득권 세력은 포도밭을 개간했다. 그들은 오늘날의 로마네콩티와 그 주변 토지를 개간하고 소유했다. 그러나 사실 당시 클뤼니 수도원이 소유한 포도밭에서 얼마나 품질이 좋은 와인이 생산되었는지는 알 길이 없다. 어쨌든 클뤼니 수도원은 '로마네'라는 이름이 붙은 이 밭을 17세기까지 소유했다.

클뤼니 수도원은 와인 생산으로 강력한 경제력을 보유했다. 이 수도원의 기득권자들은 경제력을 등에 업고 유럽 각지에 2,000개나 되는 분원을 거느릴 정도로 거대한 세력으로 성장했다.

**'가난한 자연인'을 표방한 시토회 수도사들에 의해 만들어진 와인이 비싸고 화려한 부르고뉴 와인의 모태가 된 역사의 아이러니**

베네딕도 수도회에 의해 세워진 클뤼니 수도원은 애초에 '청빈과 노동으로 부패한 교회를 정화하자'라는 기치를 내걸고 출범한 개혁의 기수였다. 그러나 수도사도 사람인지라 배가 부르자 슬그머니 딴마음을 먹는 사람들이 생겨났다. 강력한 경제력을 등에 업은 수도원은 차츰 타락의 길로 들어섰다. 그 결과, 클뤼니 수도원의 수도사들은 날마다 취하도록 와인을 마셔대며 "기도하고 일하라"라는 핵심 수도 규칙을 점차 등한시했다.

이렇듯 초심을 잃은 클뤼니 수도원에 대한 반발로 시토회 수도회가 등장했다. 시토회 소속 수도사들은 부르고뉴 지방의 깊은 숲으로 들어가 자급자족하며 청빈 서원을 한 수도사 본연의 모습으로 돌아가자고 주장했다. 실제로 그들은 성 베네딕도가 주창한 "기도하고 일하라"라는 수도 규칙을 거의 집착에 가까운 수준으로 실천하려고 애썼다.

세계사는 역설의 연속이다. '가난한 자연인'을 표방한 베네딕도 수도사들에 의해 만들어진 와인이 오늘날의 비싸고 화려한 부르고뉴 와인의 모태가 되었다는 사실 역시 세계사의 역설이 아닐까. 오늘날 부르고뉴 와인은 보르도 와인과 함께 와인 최강국 프랑스를 대표하는 2대 와인으로, 세계 각지에 열렬한 애호가들을 거느리고 있다.

당시 부르고뉴 와인이 오늘날 부르고뉴 와인처럼 처음부터 우아하고 향기로운 스타일을 지닌 것은 아니었다. 실제로 부르고뉴 와인은 다른 포도 산지에서 생산되는 와인과 비교해 딱히 더 나은 평가를 받지도 못했다. 시토회 수도사들이 숲으로 들어가기 전까지만 해도 오늘날 최고 명성을 자랑하는 부르고뉴의 포도밭은 사람 손을 타지 않은 상태의 잡초와 황무지뿐이었다. 오늘날 화이트와인의 최고봉으로 인정받는 몽라셰를 생산하는 지대는 당시 변변한 이름조차 없이 '민둥산'으로 불렸다. 시토회 수도사들은 미개척 황무지를 개간해 포도밭으로 일구었으며, 이 민둥산(montrachet)에서 명품 와인 '몽라셰'가 탄생했다.

시토회 수도사들은 단순히 토지를 개간하는 수준에서 그치지 않았다. 그들은 와인과 토지(teruwa)의 관련성을 파악했으며, 농사를 짓는 과정에서 차츰 토지에 따라 와인 맛이 달라진다는 사실을 경험으로 터득하기 시작했다.

현재 부르고뉴의 포도밭은 수많은 구획으로 정리돼 있는데, 구획마다 독특한 맛의 와인을 생산한다. 고작 몇십 미터밖에 떨어지지 않은 구획이라도 토양, 경사도, 일조 시간, 배수 관계, 바람의 흐름 등 다양한 변수가 작용해 오묘하게 다른 맛을 빚어낸다. "작은 파이가 명품을 만든다"라는 광고 문구처럼, 이 오묘한 맛의 차이가 부르고뉴 와인의 매력으로 자리 잡았다.

어쩌면 당시 수도사들은 땅의 특질을 제대로 살리면 좀 더 우수한 품질의 와인을 생산한다는 사실을 깨달았을 수도 있다. 부르고뉴 와인의 원형은 이러한 시토회 수도사들의 발상과 노력으로 완성되었다.

### 시토회 수도사들이 세계 최고 수준의 명품 와인을 만든 원동력은 '예수'였다?!

시토회가 일군 최고의 밭이라고 하면 '클로 드 부조(Clos de Vougeot)'를 빼놓을 수 없다. 오늘날 부르고뉴의 특급 밭으로 알려진 클로 드 부조는 시토회 수도사들이 개간해 18세기 프랑스 혁명이 발발할 무렵까지 시토회가 독점해왔다.

클로 드 부조의 밭에는 눈에 띄는 특징이 있다. 지금도 밭 주위를 돌벽이 에워싸고 있는데, 여기에서 '클로'란 벽으로 둘러싸인 농지라는 의미로, '클로 드 부조'의 유래가 되었다. '부조'는 그 근처를 흐르는 개울 이름에서 따왔다. 마찬가지로, 부르고뉴 '샹

지도 6

부르고뉴는 '코트 도르', '샤블리', '보졸레'로 구분

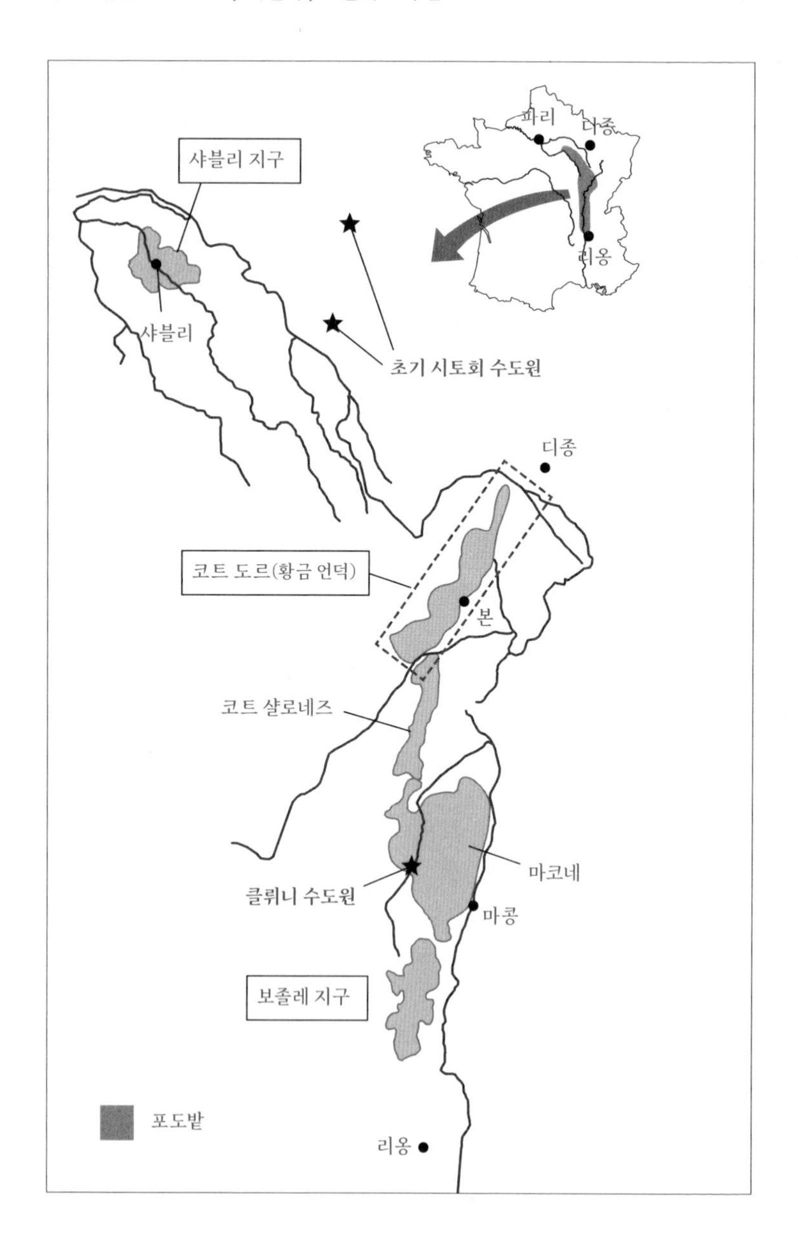

베르탱 클로 드 베즈'도 돌벽으로 둘러싸인 밭이어서 이런 이름이 붙었다.

시토회 수도사들은 클로 드 부조의 밭을 왜 힘들게 돌벽으로 에워쌌을까? 여기에는 그럴 만한 이유가 있었는데, 근처에서 사육하던 가축들이 포도밭으로 들어와 엉망진창으로 만들지 못하도록 하기 위한 조치였다. 또 다른 이유로는 좀 더 품질 좋은 포도를 수확하기 위해서였다. 돌벽은 차가운 바람을 막아주며, 햇볕으로 달궈진 돌벽이 온기를 저장해 밤에 포도알이 얼지 않도록 해준다. 말하자면, 돌벽이 포도나무를 추위로부터 지켜주는 셈이다.

시토회 수도사들은 클로 드 부조의 밭에서 기존에 없던 방식으로 포도 농사를 지었다. 그때까지는 포도밭을 온전한 밭이라고 할 수 없었다. 당시 농가에서는 배나 복숭아, 호두 등의 유실수를 섞어 심는 방식을 당연시했다. 20세기 후반까지도 섞어 심기를 계속하는 밭이 있을 정도로 포도 농사 분야에서는 일반화한 방식이었다. 그런데 시토회 수도사들은 클로 드 부조에 섞어 심기를 중단하고 오로지 포도만 심었다.

이 결단에는 나름대로 의미가 있었다. 포도와 다른 유실수를 섞어 심으면 그 유실수에 가려져서 포도나무로 가는 일조량이 줄어들 수밖에 없다. 햇살이 강한 남프랑스나 이탈리아라면 모를까, 일조량이 적은 부르고뉴에서는 그로 인해 적지 않은 피해가 발생한다. 게다가 토양 속 양분을 다른 유실수에 빼앗겨 속이 꽉 차고 당도 높은 포도 열매가 열리지 않게 된다. 이 점을 간파한 시토회 수도사들은 와인의 품질 향상을 위해 결단을 내렸다. 완성도 높은 와인은 품질 높은 포도에서 나온다고 믿었기 때문이다.

어쩌면 이는 시토회 수도사들이 예수를 우직하게 믿고 따르는 충실한 신앙인이었기에 가능한 결단이었을 수도 있다. 예수는 자신을 '포도 열매'에 비유했다. 또 가나안 혼인 잔치에서 물로 와인(포도주)을 만드는 기적을 보여주었다. 시토회 수도사들은 예수를 믿고 따르며 살겠다고 서약한 사람들이다. 따라서 당연히 예수가 자신과 동일시한 포도를 훌륭하게 키워내야 하고, 그 포도로 생산한 와인도 예수의 이름이 부끄럽지 않게 뛰어난 품질이어야 한다. 이러한 종교적 열정이 부르고뉴 와인을 독보적인 위치로 끌어 올렸다.

시토회 수도사들은 픽상(Fixin)이나 샹볼(Chambolle), 본(Vosne), 코르통(Corton), 본(Beaune), 볼네(Volnay), 포마르(Pommard) 등의 밭도 새롭게 개간해 오늘날 부르고뉴 밭의 원형을 거의 완성했다. 오늘날 부르고뉴에서 가장 품질이 뛰어난 와인을 생산하는 언덕을 '코트 도르(Côte d'Or, 황금 언덕)'라고 부른다. 시토회 수도회는 황무지를 황금 언덕으로 탈바꿈시켰다.

황무지를 포도밭으로 개간하자면 고행에 가까운 수준의 노동이 뒤따른다. 그랬기에 가혹한 노동에 시달렸던 11세기 시토회 수도사의 평균 수명은 28세로 알려져 있다.

지금도 부르고뉴에는 시토회 수도사들의 정신을 계승하겠다며 자기가 가진 모든 것을 바치는 생산자가 많다. 종교인처럼 경건하게 포도 농사를 짓고 매일 밭에 나가 열심히 일한다. 밭일만이 더 좋은 와인을 생산하는 길이라는 신념을 지닌 생산자들이

황무지를 포도밭으로 개간하자면
고행에 가까운 수준의 노동이 뒤따른다.
그랬기에 가혹한 노동에 시달렸던
11세기 시토회 수도사의 평균 수명은 28세로 알려져 있다.

중세에 포도밭을 가꾸는 부르고뉴 수도사들

있는 지역이 바로 부르고뉴다.

'라 타슈(La Tâche)'는 시토회의 정신을 고스란히 물려받은 밭으로 인정받는다. 이는 오늘날 도멘 드 라 로마네콩티(Domaine de la Romanée-Conti)가 소유한 밭으로, 명품 와인 로마네콩티와 쌍벽을 이룬다. 참고로, '라 타슈'란 프랑스어로 '일', '책무'를 의미한다. 이런 이름이 붙은 이유에 대해서는 여러 설이 있지만, 최선을 다해 일해야 최고의 와인을 생산할 수 있다는 진리를 방증하는 이름 아닐까.

## 신성로마제국 황제의 비호를 받으며 독일을 세계 최대 와인 생산지로 탈바꿈시킨 에베르바흐 수도원

중세 유럽에서 와인 양조에 분투한 이들은 부르고뉴의 시토회 수도사만이 아니었다. 이를테면 서유럽 각지의 여러 수도회가 황무지를 개간하고 자체적으로 포도밭을 일구었다.

이미 카롤루스 대제 때부터 독일에서도 포도밭을 본격적으로 일구기 시작했다. 카롤루스 대제는 독일에 두 개의 베네딕도회 수도원을 설립했다. 이 두 수도원이 독일 각지에서 개간에 나섰다. 수도사들은 라인강 유역뿐 아니라 오늘날의 프랑스 알자스, 스위스, 오스트리아 등지까지 포도밭과 와이너리를 넓혀나갔다.

카롤루스 대제 이후 독일에서는 라인가우 지방의 에베르바흐

## 클로 드 부조

평범한 밭에서 수확한 포도로 믿기 어려울 만큼
품질 좋은 와인을 생산하는 뛰어난 양조가

시토회 수도사들이 일군 클로 드 부조 밭은 오늘날 여러 생산자가 분할 소유하고 있다. 현재 클로 드 부조(혹은 클로 부조)는 품질이 우수한 와인과 평범한 와인이 뒤섞여 해당 생산자가 소유한 밭에 따라 맛이 확연히 다르다.

클로 드 부조에서 가장 품질이 뛰어난 와인은 경사면 상단과 중단에서 생산된다고 알려져 있다. 시토회 수도사가 소유한 시대에는 상단, 중단, 하단에서 생산된 포도를 섞어서 맛을 균일하게 만들고자 시도했으나, 현재는 각자 자기 밭에서 생산된 포도로만 와인을 양조한다. 하단 밭에서 클로 드 부조라는 이름값에 걸맞지 않은 평범한 와인이 나오는 것은 이런 연유다.

그러나 뛰어난 양조가는 평범한 밭에서도 놀랍도록 훌륭한 클로 드 부조 와인을 내놓는 걸 보면 와인의 세계는 참으로 심오하다. 미셸 그로, 도멘 그로 프레르 에 수르(Domaine Gros Frere et Soeur), 니콜 라마르슈(Nicole Lamarche), 도멘 프랑수아(Domaine François) 등의 와인은 높은 평가를 받는다. 이들이 생산한 와인은 해외에서 활발하게 유통되어 비교적 쉽게 구할 수 있다.

도멘 미셸 그로의 부조 그랑 크뤼(2020년)
사진 제공: (주) 럭 코퍼레이션

수도원(Eberbach Abbey)이 최대 개간지로 떠올랐다. 카롤루스 대제가 라인가우 지역 포도밭 개간의 첫 삽을 떴다. 그러다가 12세기에 시토회 소속 에베르바흐 수도원이 세워지면서 판세가 바뀌었다. 부르고뉴에서 수도사들이 파견되어 에베르바흐 수도원 수도사들도 베네딕도회의 전통을 따라 "기도하고 일하라"라는 수도 규칙을 엄격하게 지키며 묵묵히 포도밭을 개간하고 돌봤다.

에베르바흐 수도원은 신성로마제국 황제의 비호를 받았다. 황제의 대대적인 지원 덕분에 수도원은 라인강에 거대 선단을 운항할 수 있었고, 라인강 수운을 통해 와인을 수출했다. 12세기에 에베르바흐 수도원은 독일을 넘어 세계 최대 와인 생산지로 성장했다.

신앙인의 길을 걷기로 서약한 수도사들은 종교적 열정을 와인에 바쳤다. 그들은 더 나은 와인을 생산하려는 노력을 멈추지 않았다. 에베르바흐 수도원에서는 특별히 우수한 와인을 캐비닛에 보관했다. 이러한 관습이 독일 와인 라벨 표시가 있는 '카비네트(Kabinett, 숙성 포도를 원료로 만든 와인)'의 유래로 알려져 있으며, 오늘날까지 이어지고 있다.

부르고뉴에서 파견된 수도사들은 에베르바흐 수도원에서 수도 생활에 정진했다. 그러던 중 부르고뉴의 클로 드 부조 실험과도 같은 담대한 도전을 시작했다. 수도사들은 클로 드 부조에서 했던 것처럼 슈타인베르크(Steinberg)의 포도밭을 돌담으로 둘러쌌다. '슈타인베르크'란 독일어로 '돌산'이라는 의미를 지닌다.

당시 부르고뉴는 프랑스에서 네 번째로 큰 도시였다. 그곳에는 시토회 소속 부르고뉴 오세르(Auxerre) 분원의 수도원이 자리하고 있었는데, 이 수도원의 주도로 부르고뉴 최북단 샤블리(Chablis) 지역은 대대적으로 개간되었다. 그렇게 개간된 토지에서는 본격적으로 와인이 생산되었다. 그 영향으로 오늘날 샤블리에서는 화이트와인을 주력으로 하는 명품 와인이 생산되는데, 넓은 의미에서 이는 부르고뉴 와인에 속한다. 샤블리는 지리적으로 부르고뉴의 중심인 코트 도르보다 훨씬 북쪽에 자리 잡고 있다.

샤블리 지역을 맨 처음 개간한 이들은 생마르탱(Saint-Martin) 수도원의 수도사들로 알려졌다. 그들은 루아르강을 배후에 둔 프랑스 중서부의 도시 투르(Tours)에서 이곳으로 이전해 왔다. 루아르 강변은 스칸디나비아반도에서 성난 파도와 같이 밀려온 바이킹에 의해 초토화됐다. 이때 교회와 수도원도 안전하지 않았다. 바이킹들이 교회와 수도원에 보관된 갖가지 값비싼 물건들과 함께 특히 와인을 노렸기 때문이다. 생마르탱 수도원 수도사들은 바이킹의 약탈이 두려워 황급히 도망쳤다. 그 바람에 서프랑크 왕에게 특별히 하사받은 샤블리 영지 개척이 실패로 돌아갔다.

생마르탱 수도원 수도사들이 바이킹을 피해 떠난 그 지역에 시토회 수도사들이 들어와 오세르 분원을 세우고 개간하기 시작했다. 시토회 수도사들은 코트 도르보다 북쪽에 있어 한랭한 기후 지역인 샤블리를 훌륭한 포도밭으로 개간하는 데 성공했고, 여기서 생산된 포도로 양조한 와인을 앞세워 파리 시장을 본격적으로 공략했다. 20세기 들어서야 샤블리는 한랭한 기후라는 태생적 한계를 극복하고 명품 와인 산지로 인정받았으나, 사실 그 기반은 이 시대 시토회 수도사들이 이미 닦아놓은 셈이었다.

### 한때 와인을 사랑했던 무함마드는
### 왜 갑자기 와인을 엄격히 금지하고
### 와인 문화를 말살하려 했을까

7세기 이후, 아랍 지역에서는 와인이 급격히 쇠퇴와 소멸의 길로 접어들었다. 그와 반대로, 당시 서유럽에서는 와인이 부흥의 기회를 모색하고 있었다. 사실 아랍은 고대 시대 이후 와인 문화를 이끌어온 명실상부한 와인 선진 지역이었다. 그런 만큼 아랍의 지배 계급 역시 와인을 사랑했는데, 와인의 관점에서 볼 때 공교롭게도 이 지역에 이슬람 예언자 무함마드(Muhammad, 570?~632)가 등장했다.

무함마드는 아라비아반도 메카의 명문가로 인정받은 쿠라이시(Quraysh)족 하심가(al-Hāshimīyūn)에서 태어났다. 이후 그는 알라의 계시를 받고 이슬람교를 창시했다. 이는 610년 무렵의 일이다. 이로써 아라비아반도는 이슬람교라는 종교로 대동단결했다.

이슬람교도들은 사산조 페르시아(226~651)를 멸망시키고 비잔틴 제국을 압박하며 거대 이슬람 제국을 건설했다. 그런데 그 과정에서 아랍어권 전역에서 와인이 모습을 감추기 시작했다. 여기서 궁금한 점 한 가지, 무함마드는 처음부터 와인을 싫어하고 적대시했을까? 답은 '그렇지 않다'이다. 학자들에 따르면, 무함

## 클로스터 에베르바흐

### 비스마르크도 사랑한 명품 화이트와인

에베르바흐 수도원은 라인가우에 자리 잡고 오랫동안 안정적으로 와인을 생산해왔다. 그러나 차츰 쇠락의 길을 걷다가 마침내 생명을 다하고 말았다. 에베르바흐 수도원이 소유하던 땅은 나사우 공국(Herzogtum Nassau)의 헤어초크(Herzog) 가문과 프로이센 국왕, 헤센주 등의 관리를 받다가 클로스터 에베르바흐(Kloster Eberbach) 양조장의 소유로 귀결되었다. 프로이센 왕국의 총리 비스마르크(Otto von Bismarck, 1815~1898. 훗날 통일 독일 제국의 재상)는 에베르바흐 와인을 사랑했다. 클로스터 에베르바흐는 움베르토 에코의 소설 『장미의 이름』 영화 촬영지로도 유명한데, 오늘날에도 품질이 우수하면서 비교적 가격이 저렴해 가성비가 높다고 알려진 화이트와인이 생산된다. 현재 에베르바흐 수도원은 종교 시설로는 사용되지 않고 있지만, 건물 등이 온전히 보존돼 있어 매년 관광객의 발길이 끊이지 않는 명소로 남아 있다.

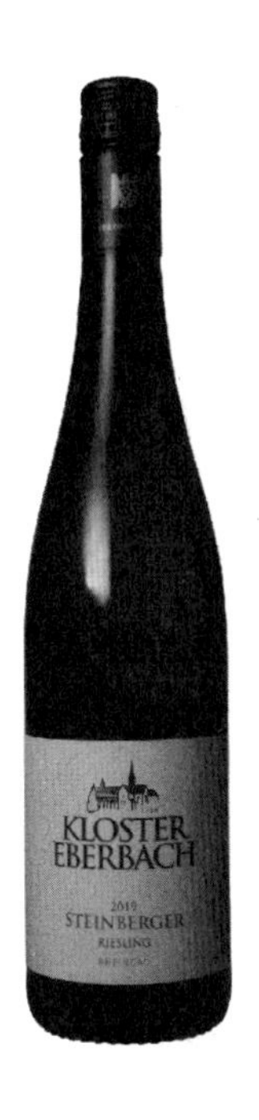


클로스터 에베르바흐 양조장의 클로스터 에베르바흐 슈타인베르크 리슬링(2019년)
사진 제공: (주)모톡스(Mottox)

마드도 이슬람 세계를 건설하던 초기에는 와인을 용인했다. 그런데 왜 그는 와인을 싫어하고 적대시하는 것을 넘어 없애버리려 했을까?

**샤블리**

코트 도르 화이트와인과 맛이 다른 이유는 '굴 껍데기' 때문

샤블리는 '부르고뉴 지방의 황금 문[The golden door(gate) of Burgundy]'이라는 별칭으로 불렸다. 이는 샤블리가 파리와 부르고뉴의 중간 정도 위치에 있어 붙은 이름이다. 샤블리에서 생산되는 화이트와인 역시 샤르도네 품종이지만, 코트 도르의 화이트와인과는 풍미 면에서 큰 차이가 있다. 그 이유는 샤블리 지역의 토양에는 선사 시대에 생성된 적잖은 양의 굴 껍데기가 섞여 있기 때문이다. 게다가 위도상 북쪽에 위치해 코트 도르보다 한랭기후의 영향을 크게 받을 수밖에 없다.

굴 껍데기가 섞인 토양에서 자라는 포도로 양조한 샤블리 와인은 '어패류와 잘 어울리는 화이트와인'이라는 이미지가 강하다. 이런 이유로 평소 해산물을 즐겨 먹는 일본에서는 다른 와인보다 샤블리 와인이 좀 더 일찍 받아들여졌다.

뱅상 도비사의 샤블리 그랑 크루(2020년)
사진 제공: (주) 럭 코퍼레이션

이슬람교와 기독교는 '형제 종교'라고 해도 지나치지 않을 만큼 비슷한 점이 많다. 이는 이슬람교가 유대교와 기독교의 가르침을 흡수해 형성되었기 때문이다. 기독교가 와인을 사랑하고 중시했듯 이슬람교 창시자 무함마드도 와인을 좋아하고 귀히 여기던 시기가 있었다. 이슬람교 경전 『쿠란』에는 "과일 중에는 종려나무 열매와 포도나무가 있어 이 나무들로부터 마실 것과 일용할 양식을 얻나니 실로 그 안에는 지혜로운 백성을 위한 증표가 담겨 있노라"라는 구절이 있다. 게다가 실제로 무함마드는 신자들과 스스럼없이 어울리며 자주 술자리를 갖기도 했다.

그러던 어느 날 한 술자리에서 어떤 사건을 겪으며 무함마드의 생각이 극적으로 바뀌었다. 술 취한 메카의 신도와 메디나(야스랍)의 신도가 무함마드 앞에서 서로 주먹다짐을 벌였다. 화기애애하던 술자리가 순식간에 난장판이 되는 현장을 목격한 무함마드는 와인이 지닌 잠재적 해악에 눈뜨게 되었다. 그 후 무함마드는 "도박과 중독, 우상 숭배, 활쏘기 내기는 악마가 발명한 불경한 것이니 이들을 금하라"라고 말하며 와인을 엄격히 금지했다.

어느 정도 취기가 오를 정도로만 적당히 와인을 마시면 문제없다. 아니, 와인은 오히려 사람의 몸과 마음을 차분하게 안정시켜주는 효능도 지니고 있다. 그러나 무슨 일에서든 지나침은 부족함보다 나을 게 없는 법, 과음은 자칫 다툼과 분쟁의 씨앗이 되기 쉽다. 무함마드는 오랫동안 뿔뿔이 흩어져 서로 반목하고 갈등해온 아라비아 세계를 종교의 깃발 아래 통합하고 아울렀다. 그랬기에 같은 아라비아인이자 이슬람인끼리 서로 아귀다툼하는 것을 매우 경계해 와인을 금지하기로 했던 것이다.

이슬람교의 위대한 선지자이자 창시자인 무함마드의 극적인 생각 변화는 아라비아 세계에 큰 변화를 몰고 왔다. 그 연장선에서 그가 실시한 와인 금지 정책은 한때 전 세계적으로 내로라하는 명품 와인을 대량 생산하던 아라비아에서 이 매력적인 음료를 퇴출시키는 결과로 이어졌다.

팔레스타인은 와인으로 인한 가장 극적인 변화가 일어난 대표적인 지역의 하나다. 고대 팔레스타인 지역에는 유대교가 있었고, 훗날 기독교의 창시자이자 삼위일체의 하나인 신으로 추앙받는 예수도 이 지역에서 태어나 성장했다. 애초에 팔레스타인의 포도밭에서는 질 좋은 와인이 생산되었는데, 이슬람교가 팔레스타인까지 교세를 확장하면서 이 지역 포도밭의 포도나무가 모조리 뽑혀나가고 잡초만 무성해졌다. 20세기, 오랜 세월 전 세계에 흩어져 거주하던 유대인들이 이스라엘 땅으로 돌아왔을 때 팔레스타인 지역에는 와인이 거의 자취를 감추고 없었다. 그 후 오늘날 지도에 나오는 나라 이스라엘이 세워진 뒤에야 비로소 이 지역에서 다시 와인이 양조되기 시작했다.

흥미로운 점은 무함마드가 이슬람교를 창시한 후 엄청난 기세로 확장해가던 아라비아 세계 안에서도 와인이 완전히 사라진 것은 아니라는 사실이다. 그 강력한 무함마드의 정책과 엄격한 교리로도 와인을 완전히 몰아내는 데는 성공하지 못했던 것이다. 아라비아 세계의 이슬람 궁정에서는 왕실 사람들과 귀족들이 여전히 와인을 즐겼다.

11~12세기 아라비아 세계에서 압도적인 존재감을 드러냈던 셀주크 왕조 시대의 페르시아에 오마르 하이얌(Omar Khayyām)이라는 이름의 과학자가 등장했다. 시인이기도 했던 그는 『루바이야트(Rubaiyat)』라는 4행 시집을 남겼다. 이 시집은 그리스 고전을 영어로 번역하는 일에 열정을 쏟은 영국 시인 에드워드 피츠제럴드(Edward FitzGerald)가 영어로 번역, 소개하면서 전 세계에 알려졌다. 이 시집에 다음과 같은 내용의 시가 실려 있다.

> 벗들이여, 그대들은 알지어다. 내가 얼마나 오래전에 새장가 들고, 자축하며 거창하게 술잔치를 벌였는지를…… (중략) 그리고 포도나무의 딸을 얼마나 기쁘게 신부로 맞아들였는지를.
>
> (You know, my friends, how long since in my house for a new marriage I did make carouse: …… And took the daughter of the vine to spouse.)

위 작품처럼 이슬람 세계의 명망 높은 지식인의 시 등에 와인과 포도나무가 등장한다. 그리고 이 시 외에도 여러 편의 시에 포도나무와 와인 이야기가 나온다. 비록 무함마드가 와인을 금지하기는 했으나 이슬람의 가르침을 철저히 따르지 않는 지역에서는 여전히 와인을 즐겨 마셨다고 추정할 수 있다.

World History of WINE

# ③ 와인 명산지 보르도의 기반을 닦은 잉글랜드 왕 존

## 무능한 잉글랜드 왕 존이 세계적인 와인 명산지 보르도의 기반을 닦은 아이러니한 역사

중세 시대 서유럽에서는 포도밭과 와이너리가 마치 들불 번지듯 전역으로 퍼져나가고, 이전과 전혀 다른 차원의 새로운 와인 세계가 펼쳐졌다. 이 시대에 프랑스 보르도 와인은 서유럽 와인 세계의 새로운 강자로 떠올랐는데, 그 과정이 인상적이다.

여기서 잠시, 프랑스와 잉글랜드의 역사를 대략적으로 살펴보고 넘어가자. 프랑스와 잉글랜드는 유럽 대륙의 북반구에 정착한 게르만 일파인 '노르만인의 잉글랜드 정복'이라는 일대 사건을 계기로 절묘한 접점이 만들어진다. 1066년 무렵 상황이다. 프랑스의 노르망디 공 기욤 2세(Guillaume II)가 칼레 해협(영국 도버와 프랑스 칼레를 잇는 대서양에 위치한 영국 해협의 일부로, 영국과 프랑스를 오가는 최단 루트. 영국의 관점으로는 도버 해협)을 건너 브리튼섬에 상륙했다. 그는 영국 남동부 지역에서 벌어진 헤이스팅스 전투에서 승리를 거두고 윌리엄 1세(William I, 재위 1066~1087)라는 이름으로 잉글랜드 왕위에 올랐다. 이 사건으로 잉글랜드에서 노르만 왕조가 세워졌다. 참고로, 오늘날 영국 왕실은 윌리엄 1세의 혈통을 계승하고 있다.

그런데 12세기 중반 잉글랜드 안에서 노르만 왕조의 핏줄이 끊기는, 이 땅의 기득권자였던 노르만인들로서는 맑게 갠 하늘에서 치는 날벼락과도 같은 일이 벌어졌다. 어떻게든 기득권을 유지할 방법을 찾던 윌리엄 1세의 후손들은 고심 끝에 당시 프랑스의 앙주 백작이었던 앙리(Henri)를 새로운 잉글랜드 왕으로 추대했다. 그는 노르만 왕조의 시조 윌리엄 1세의 손녀 마틸다의 아들 즉 증손자로, 잉글랜드에서 헨리 2세(Henry II, 재위 1154~1189)로 즉위했다. 영국 역사의 한 페이지를 장식한 플랜태저넷(Plantagenet)은 헨리 2세의 이름이자 당시 그가 잉글랜드 왕으로 즉위하며 열어젖힌 왕조의 명칭이었다.

당연한 얘기지만, 잉글랜드 왕으로 즉위한 헨리 2세는 프랑스 안에도 상당한 규모의 영토를 보유하고 있었다. 프랑스 북부의 노르망디, 앙주, 남서부의 아키텐까지 모두 그의 영토가 되었기 때문이다. 헨리 2세의 아버지가 프랑스 앙주 백작이었던 조프루아 5세(Geoffroy V, 1113~1151) 였던 데다 그의 아내가 아키텐 공국 상속자인 엘레오노르 다키텐(Éléonore d'Aquitaine)이었다. 엘레오노르 다키텐과의 결혼 덕분에 헨리 2세는 애초에 가지고 있던 노르망디 공국과 앙주 백국에 더해 아키텐 공국까지 확보하면서 한때 프랑스 왕 루이 7세(Louis VII, 재위 1137~1180)보다 더 넓은 프랑스 영토를 보유하는 엄청난 행운의 주인공이 되었다. 헨리 2세가 다스리던 지역을 아울러 '앙주 제국'이라고 부를 정도였다. 아키텐 공국은 가스코뉴 지방과 보르도 지방을 아우른다. 이로써 오늘날 와인 명산지로 이름을 떨치는 보르도는 잉글랜드 왕실과 떼려야 뗄 수 없는 관계를 맺게 되었다.

그렇기는 해도 보르도와 잉글랜드의 인연이 곧바로 와인으로 연결되지는 않았다. 당대에는 보르도 지역에 포도밭이 거의 없었다. 특히 오늘날 세계적 명성을 떨치는 와이너리가 집중해 있는 메독 지구 대부분이 당시에는 거의 바다에 잠긴 상태나 다름없는 늪지대였다. 더구나 당시 보르도는 평범한 상업 항구에 지나지 않았던 데다 그리 멀지 않은 곳에 라로셸(La Rochelle)이라는 만만치 않은 경쟁 지역이 있었기에 그다지 내세울 만한 강점이 없었다. 라로셸은 당시 대표적인 프랑스 와인 산지의 하나였다. 게다가 보르도는 가스코뉴 지방 내륙에서 생산된 와인을 한곳으로 모아서 배에 싣는 화물항이었기에 위상도 그리 높은 편이 아니었다.

헨리 2세의 아들 리처드 1세(Richard I, 재위 1189~1199) 시대에 이르러 보르도는 잉글랜드와 훨씬 더 가까워졌다. 리처드 1세는 제3차 십자군 원정에 직접 참전해 '사자심왕(the Lionheart)'이라는 별명을 얻을 정도로 대단한 무용(武勇)을 떨쳤다.

리처드 1세는 잉글랜드 왕으로 즉위한 후 잉글랜드에서 거의 생활하지 않았다. 그는 어린 시절과 십자군 원정 기간을 제외하면 생애 대부분을 어머니의 고향인 아키텐 공국에서 지냈으며, 성인이 된 후 10여 년 재위 기간을 포함해 잉글랜드에서 보낸 것은 6개월 정도밖에 되지 않았다. 리처드 1세는 아키텐 공국의 보르도 지역을 본거지로 하여 가스코뉴의 와인을 벗 삼아 오늘날의 프랑스 영토 안에서 주로 지냈다. 따라서 누구보다 프랑스 와인을 깊이 이해하고 사랑하는 잉글랜드 왕을 둔 왕실과의 특별한 인연은 지역의 특수성과 경쟁력을 키워야 살아남을 수 있는 보르도로서는 절대로 놓치면 안 될 천재일우(千載一遇)의 기회였다.

보르도와 잉글랜드 왕가의 관계는 리처드 1세의 남동생이자 그의 왕위를 이어받은 존(John)왕 시대에 더욱더 돈독해졌다. 존왕은 당시 잉글랜드 내에서 평판이 좋지 않았다. 그가 통치하던 시대에 잉글랜드 왕가가 보유하고 있던 프랑스 안의 영토가 프랑스 왕 필리프 2세(Philippe II, 재위 1180~1223)의 손으로 야금야금 넘어갔기 때문이다. 그 연유로 존왕은 '실지왕(失地王)', '무지왕(無地王)' 등의 불명예스러운 별명으로 불리는 수모를 감수해야 했다. 참고로, 널리 알려진 존왕의 별명 'Lackland'는 '실지왕', '무지왕'의 영어식 표기다.

잉글랜드 안에서 존왕은 그동안 참을 만큼 참아온 런던의 귀족들과 시민들이 들이민 '마그나 카르타(Magna Carta, 대헌장)'에 강제로 서명하는 수모를 겪기도 했다. 역사적으로 '마그나 카르타'는 영국 입헌정치와 세계 민주주의의 근간이 되었으나 당사자인 존으로서는 무능하기 짝이 없는 왕이라는 징표와도 같은 것이었으므로 치욕적인 사건이었다.

"안에서 새는 바가지가 밖에서도 샌다"라는 속담은 존왕의 관점에서 보면 다행스럽게도 적용되지 않았다. 왜냐하면 그가 프랑스에서 가스코뉴 와인을 대량으로 사들이면서 보르도의 중계무역이 나날이 번창했기 때문이다.

존왕의 정책 덕분에 보르도의 경제는 번영의 길을 달렸으나, 아이러니하게도 그는 프랑스 안의 영토를 시나브로 잃어가고 있었다. 재위 기간에 프랑스 왕 필리프 2세에게 프랑스 안의 잉글랜드 영토를 도미노 무너지듯 차례차례 빼앗긴 결과, 아키텐 공국의 보르도를 포함한 일부 영토밖에 남지 않게 된 탓이었다. 게다가 엎친 데 덮친 격으로, 이베리아반도의 카스티야 왕국이 보르도를 공격하는 일까지 벌어졌다. 그런데 당시 보르도는 이런 절체절명의 위기 상황 속에서도 잉글랜드 왕 존에게 충성을 맹세하며 카스티야 왕국의 침략에 맞서 싸웠다.

존왕이 파란만장한 시련을 겪고 세상을 떠난 뒤 보르도의 상황은 더욱 나빠졌다. 보르도의 경쟁지였던 라로셸마저 프랑스 왕에게 백기를 들고 항복한 탓이었다. 그러나 그때도 보르도는 프랑스 왕에게 무릎을 꿇지 않고 잉글랜드 왕에게 충성을 다할 것을 맹세했다. 따라서 보르도는 잉글랜드와의 교역에 모든 것을 걸 수밖에 없었다.

보르도는 12세기부터 15세기 중반까지 300년 넘게 잉글랜드 왕의 영지로 남아 있었다. 당대 잉글랜드 왕들은 보르도가 한결같이 보여준 충성에 대한 답례로 그곳을 거점 삼아 아키텐 내륙의 와인을 쉼 없이 사들였다. 보르도와 잉글랜드의 우호 협력 관계는 꾸준히 지속되었고, 보르도산 와인은 세계 시장에서 새로운 강자로 떠오를 발판을 마련할 수 있었다.

## 잉글랜드 왕들이 수백 년간 부여한 '보르도 특권'이 보르도를 명품 와인 산지로 만들다

12세기 이후 몇백 년간 잉글랜드 왕의 영지로 남아 있던 보르도는 잉글랜드와 꾸준히 밀월 관계를 유지하며 장밋빛 꿈을 꾸었다. 그때까지 포도밭이 그리 많지 않았던 보르도 주변에 포도밭이 하나둘 늘어났으며, 보르도는 차츰 대규모 포도와 와인 산지로 탈바꿈했다.

여기서 반드시 짚고 넘어갈 보르도 와인 산업 성장의 진정한 열쇠가 하나 있다. 그것은 바로 잉글랜드 왕이 충성과 헌신의 대가로 보르도에 내린 하나의 특권이었다. 학자들은 이를 '보르도 특권(Polis des Vins)'이라고 부른다.

'보르도 특권'으로 보르도 와인은 면세 혜택을 누렸다. 면세만으로도 엄청난 특권인데, '보르도 특권'에는 다른 지역 와인보다 보르도 지역 와인을 먼저 출시하는 것을 보장하는 조항이 따라붙었다. 이로써 보르도 지역에서 생산된 와인은 강력한 경쟁력을 가질 수밖에 없었다. 이것이 먼 훗날 보르도가 전 세계적 와인 명산지로 자리매김하는 원동력이 되었다.

플랜태저넷 왕조가 잉글랜드와 보르도 지역을 통치하던 시대에는 양조와 저장 기술이 발달하지 않아 와인의 수명이 짧을 수밖에 없었다. 당시 와인의 유통 기한은 길어야 1년 정도밖에 안 되었고, 사람들은 새로 양조한 술을 좋아했다. 해마다 갓 수확한 신선한 포도로 양조한 새 술이 상대적으로 비싼 가격에 팔렸다.

보르도는 신선한 보르도산 와인을 우선 비싼 값에 판매한 뒤 상대적으로 저렴한 가격에 내륙의 와인을 팔기 시작했다. 그해 포도 농사가 흉작일 때는 예외적으로 10월쯤부터 내륙 와인의 보르도 반입이 허가되었기에 보르도는 부족한 양을 내륙 와인으로 충당해 어렵지 않게 수출 물량을 맞출 수 있었다.

이런 상황에서 보르도 주변 지역들이 '보르도 특권'에 거세게 반발한 것은 당연했다. 그로 인해 갈등과 송사가 끊이지 않았다. 그럼에도 '보르도 특권'은 역대 잉글랜드 왕의 승인에 가까운 묵인으로 계속 이어져 18세기 중반 무렵까지 유지되었다. '보르도 특권'으로 경제적 이득을 얻은 보르도 지역에서는 와인 생산이 점점 더 활기를 띠었다. 그러나 사실 당시 보르도 와인은 오늘날 보르도 와인과 전혀 다른 술이었다.

영국인들은 지금도 보르도산 와인을 '클라레(Claret)'라는 이름으로 부른다. 영어 단어 'Claret'는 암적색, 즉 짙고 어두운 붉은색이라는 의미인데, 보르도산 와인은 붉은색에 가까운 적갈색으로, '중후한 위엄'이라는 말로 표현할 만한 수준의 묵직한 맛을 지닌 것이 특징이다. 그러나 13세기 무렵에는 클라레가 연분홍색에 가까워 로제 와인과 비슷했는데, 이런 유형의 와인이 잉글랜드에서 날개 돋친 듯 팔려나간 것이다. 잉글랜드 국왕 에드워드 1세(Edward I, 재위 1272~1307)는 자신의 대관식 때 보르도 와인을 1,000통이나 사들여 런던 시민들에게 나눠주었다.

'보르도 특권' 이야기로 돌아가자. 이 특권에는 만만치 않은 부작용도 있었다. 가스코뉴 내륙 지역에서 와인 산업 성장의 싹을 싹둑 잘라버린 것이다. 내륙의 가론강 유역(53쪽 지도 2 참조)은 예로부터 유명한 와인 생산지였다. 잉글랜드 왕 역시 초기에는 가스코뉴 와인을 좋아했다. 그러나 '보르도 특권'으로 보르도가 와인을 우선 판매해 돈을 갈퀴로 그러모으자, 상황이 급변하기 시작했다. 보르도 와인의 득세에 밀려 맥을 못 춘 내륙의 다른 와인은 싸구려 와인으로 전락해 경쟁력을 상실하게 되었다. 더구나 그 지역 생산자들은 열악한 환경을 딛고 새로운 판로를 개척하려면 항구를 가진 보르도에 의존할 수밖에 없어 내륙 와인은 독자적인 고객을 확보하기가 어려웠다.

프랑스 내륙 지역은 와인 개혁에서 저 멀리 뒤처졌다. 보르도 지역의 와인 생산업자들은 불순물 하나 없이 투명한 와인을 새로 개발하며 고급화 전략을 펼쳤다. 본격적인 와인 개혁으로 보르도에서 우수한 와인이 생산되기 시작하자 옛날 방식을 고수하던 내륙에서 생산된 와인의 인기는 차츰 시들고 시장에서 점점 더 설 자리를 잃었다.

## 필리프 4세가 일으킨 아비뇽 유수 사건의 나비 효과로 더 튼튼한 반석에 오른 보르도 와인

14세기 초반 서유럽 기독교계에 세속과 교회의 권위가 뒤바뀌는 일대 사건이 일어났다. 바로 로마 교황이 왕의 군사들에 의해 감금당하고 폭행당하는 치욕적인 일을 겪은 뒤 교황청이 로마에서 프랑스의 아비뇽(Avignon)으로 옮겨간 '아나니 사건(Anagni Incident)'이다.

프랑스 카페 왕조의 필리프 4세(Philippe IV, 재위 1284~1305)는 아나니 사건과 아비뇽 유수의 기획자이자 실행자였다. 대단한 야심가였던 그는 로마 교황이 세상에서 가장 위대하다고 큰소리치던 당대 교황 보니파시오 8세(Bonifacius PP. VIII, 재위 1294~1303)와 대립각을 세웠다. 왕과 교황은 마치 칼과 창이 맞부딪치듯 사사건건 날카롭게 대립해 갈등과 반목이 막장극을 방불케 했다. 필리프 4세는 '미남왕(le Bel, Ederra)'이라는 별명으로 불릴 정도로 잘생긴 외모에 머리도 비상하고 자신감도 넘쳤다. 그는 모든 일에 세상 무서울 게 없다는 듯 거침없이 말하고 행동했다. 심지어 이탈리아 아나니의 교황 별장에 가신과 군대를 파견해 교황을 폭행하고 감금하기도 했다.

보니파시오 8세는 천신만고 끝에 인근 주민들의 도움으로 구출되었으나, 애초에 왕이 보낸 시아라 콜론나(Sciarra Colonna)에게 뺨 맞고 감금당한 후유증과 정신적 충격으로 얼마 못 가 세상을 떴다. 교황이 갑작스럽게 사망한 뒤 교황 선출을 위한 추기경들의 비밀회의 콘클라베(conclave)가 소집되었다. 그리고 오랜 회의 끝에 대주교였던 레몽 베르트랑 드 고트(Raymond Bertrand de Got)가 제195대 교황 클레멘스 5세(Clemens PP. V, 재위 1305~1314)로 선출되었다. 그러나 클레멘스 5세는 이후 로마에 발도 들이지 못한 채 프랑스 이곳저곳을 떠돌아다니다가 아비뇽에 정착했다. 그 후 70여 년 동안 교황청은 로마가 아닌 아비뇽이었다. 이를 두고 학자들은 '아비뇽 유수(Avignon Papacy)'라고 명명했다. 이는 그 옛날 유대인이 아시리아와 신바빌로니아에 노예로 끌려갔던 사건 '바빌론 유수'에서 따온 명칭이다.

그런데 흥미롭게도 당시 교황들, 그중에서 클레멘스 5세는 울며 겨자 먹기로 시작된 프랑스 생활에 큰 불만이 없었던 것으로 추정된다. 비록 프랑스 왕 필리프 4세 때문에 일어난 사건이었으나, 클레멘스 5세의 개인 취향과 프랑스라는 나라가 잘 맞았기 때문이다. 말하자면, 교황권이 세속 권력에 고개 숙여야 하는 상황 자체는 굴욕이었으나 프랑스 생활이 쾌적하고 안락했던 모양이다.

사실, 교황 클레멘스 5세는 프랑스 왕 필리프 4세의 종용이 아니더라도 로마에 거주하고 싶어 하지 않았다. 당시 로마 주변 정세가 불안정하고 혼란스러웠기 때문이다. 그런 상황에서 클레멘스 5세는 굳이 로마로 돌아가 불편한 마음에 눈칫밥을 먹으며 살기보다 마음 편히 지낼 수 있는 프랑스가 좋았을 것이다. 게다가 그는 프랑스를 사랑했다. 그의 유별난 프랑스 사랑 중심에는 와인에 대한 각별한 애정이 자리하고 있었다.

클레멘스 5세는 왜 그토록 와인을 사랑했을까? 교황으로 선출되기 전 보르도 지역의 대주교였다는 점에서 그 이유를 짐작할 수 있다. 대주교로 있을 당시 그는 영지 안에서 포도밭을 경작하고 와인 양조에도 열정을 쏟았다. 보르도 대주교의 포도밭은 교황 클레멘스 5세가 선종한 뒤에도 소중히 지켜졌으며, 와인 양조 기술도 크게 발전하고 진화했다. 그 연장선에서 오늘날에도 생산, 판매되는 와인 '샤토뇌프 뒤 파프(Châteauneuf du Pape)'가 탄

보르도 대주교의 포도밭은
교황 클레멘스 5세가 선종한 뒤에도 소중히 지켜졌으며,
와인 양조 기술도 크게 발전하고 진화했다.

교황 클레멘스 5세

생했다. 참고로, '파프'란 프랑스어로 '교황'이라는 의미인데, 와인을 사랑하며 교황이 된 후에도 프랑스에서 살았던 교황 클레멘스 5세에게 경의를 표하는 의미로 붙인 이름이다.

교황 클레멘스 5세가 세상을 떠난 뒤 프랑스 남부 카오르(Cahors) 출신 자크 뒤에즈(Jacques Duèse)가 콘클라베에서 제196대 교황 요한 22세(Ioannes PP. XXII, 재위 1316~1334)로 선출되었다. 그런데 요한 22세 역시 프랑스 출신답게 대단한 와인 애호가였다. 그는 와인을 단지 즐기는 데서 그치지 않고 와인의 경제적 가치를 발굴해 재산을 늘리는 수단으로 영리하게 활용했다. 요한 22세는 아비뇽 교외 땅에서 가능성을 발견하고 포도밭을 경작했다. 그는 여기서 한발 더 나아가 포도밭 근처에 여름 별궁까지 지었다. 그 별궁은 사라지고 없지만, 포도밭은 19세기 무렵부터 '샤토뇌프 뒤 파프'라는 이름으로 불렸다.

오늘날 샤토뇌프 뒤 파프는 남프랑스를 대표하는 와인 생산지로, 와인 애호가들에게 큰 사랑을 받고 있다. 이는 대단한 와인 애호가였던 교황 요한 22세의 탁월한 안목이 지금까지 빛을 발하고 있음을 증명한다. 교황의 와인 사랑이 프랑스 와인 산업에 크게 이바지했음을 보여준다.

낯선 땅에서 노예로 생활하며 가혹한 환경을 견뎌내야 했던 유대인의 바빌론 유수와 달리 14세기 '아비뇽 유수'는 전혀 고통스럽고 괴로운 세월이 아니었다. 오히려 즐겁고 행복한 시절에 가까웠다고 해야 할까. 교황들은 프랑스 와인을 사랑했고, 자신들이 사랑한 프랑스 와인에서 무한한 가능성을 발견했다.

지도 7

**14세기, 교황들이 사랑한 아비뇽과 와인**

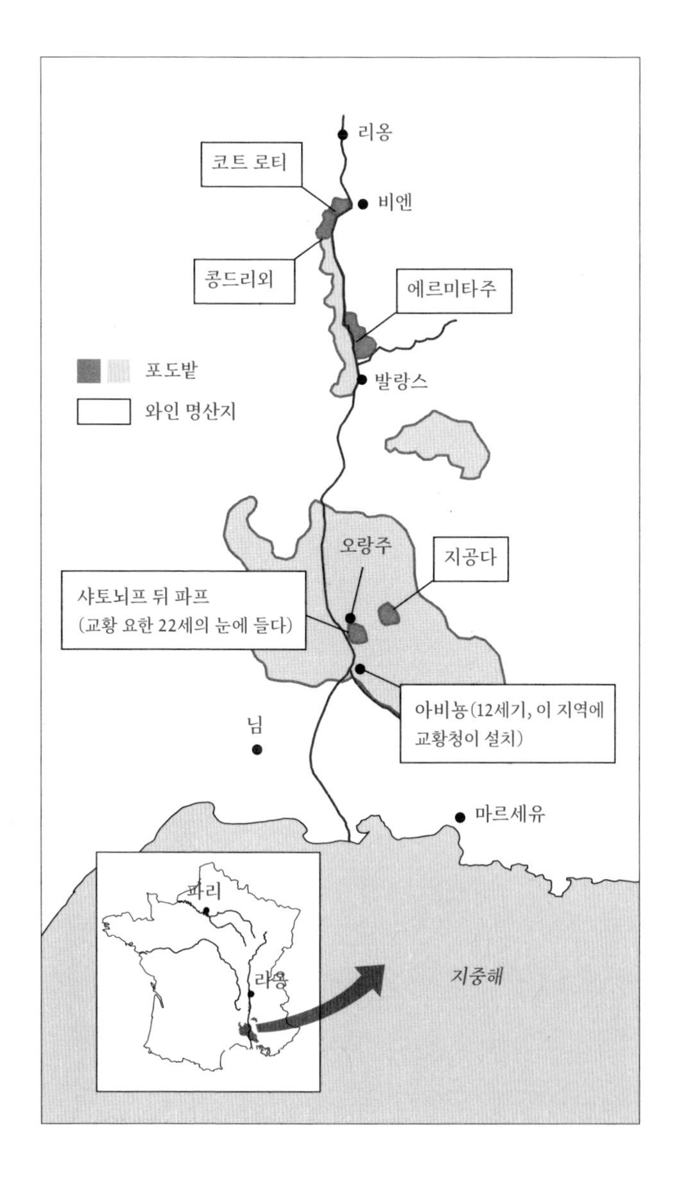

## 보르도 출신 교황의 입맛마저 사로잡은 부르고뉴 명품 와인

아나니 사건을 일으킨 필리프 4세, 그리고 자의 반 타의 반 아비뇽으로 거처를 옮긴 교황 클레멘스 5세와 그들의 수행원들은 부르고뉴 와인을 즐겨 마셨다. 시토회를 중심으로 한 수도원의 쉼 없는 노력으로 부르고뉴의 와인 품질이 크게 향상되어 세속 권력 최고봉인 왕과 교회 수장인 교황의 입맛을

**샤토뇌프 뒤 파프**

강한 알코올과 타닌이 특색

샤토뇌프 뒤 파프는 남프랑스 와인을 대표하는 와인으로, 스파이시(spicy, 시나몬이나 후추 등 서양 요리에서 사용하는 각종 향신료의 향을 묘사하는 와인 테이스팅 용어-옮긴이)하며 중후한 느낌을 준다. 샤토뇌프 뒤 파프는 보르도의 명품 와인과 어깨를 나란히 할 정도로 품질이 뛰어나다. 유명 생산자의 와인으로는 샤토 드 보카스텔(Château de Beaucastel), 샤토 레야(Château Rayas), 도멘 드 라 자나스(Domaine de la Janasse) 등이 있다.

도멘 드 라 자나스의 샤토뇌프 뒤 파프(2019년)
사진 제공: (주) amz

모두 사로잡았다. 당시 보르도 와인은 오늘날의 와인과 전혀 다른 스타일이었기에 보르도 출신 교황조차 부르고뉴 와인의 뛰어난 맛과 매력에 빠졌던 것이다.

14세기 무렵에는 최상의 품질을 자랑하던 부르고뉴 와인 중에서 특히 본 와인이 사랑받았다. 본은 부르고뉴의 중심지이지만

**샤토 파프 클레망**

**중후함과 깊이감 있는 고전적인 보르도 와인**

로마 교황 클레멘스 5세에서 비롯된 샤토(Château, 주로 보르도 지방의 와인 생산자를 의미함)는 보르도 시내의 서쪽 페삭레오냥(Pessac-Léognan)에 자리 잡고 있다. 샤토는 건조한 사질(沙質) 토양과 포도 재배에 적합한데, 그 주변에 샤토 오브리옹(Château Haut-Brion), 샤토 라미숑오브리옹(Château La Mission-Haut-Brion)이 있다.

샤토 파프 클레망(Château Pape Clément)은 '검은 액체'라는 별명으로 불리기도 하는 고전적인 보르도 와인으로, 중후하고 깊이감이 있다. 마시는 사람이 황송한 기분이 들 정도로 고급스러운 느낌을 준다. 레드와인뿐 아니라 화이트와인도 생산한다.

샤토 파프 클레망 레드와인(2008년)
사진 제공: (주) 도쿠오카

(86쪽 지도 6 참조) 오늘날 특급 와인을 생산하는 지역은 아니었다. 그러나 14세기 당시에는 부르고뉴의 본이 최상품 와인을 생산하는 지역 중 하나로 꼽혔다. 그 무렵에는 본이 남쪽의 볼네(Volnay, 지금은 본보다 등급 높은 와인을 생산함)까지 아울렀기에 본 와인은 부르고뉴 와인의 상징으로 여겨졌다. 참고로, 당시 본 와인으로 큰 인기를 끌었던 상품은 묽은 레드와인과 화이트와인이었다고 한다.

본 와인은 특히 프랑스 국왕과 연관되어 이름이 거론되면서 명성이 높아지기 시작했다. 필리프 4세는 본 와인을 특히 사랑해 궁정 공식 납품 와인으로 지정하기도 했다.

필리프 4세가 갑작스럽게 타계한 뒤 카페 왕조는 졸지에 대가 끊겼다. 이로써 카페 왕조를 대신해 필리프 4세의 조카인 발루아 가문의 필리프가 필리프 6세(Philippe VI de Valois, 재위 1328~1350)로 즉위하며 발루아 왕조의 문을 열어젖혔다. 이후 갑작스러운 왕조 교체는 잉글랜드와 프랑스 사이에 벌어진 백년전쟁의 직간접적인 원인으로 작용했다. 어쨌든, 필리프 6세의 대관식에 본 와인이 제공되었다.

부르고뉴는 와인으로 쌓은 부를 발판으로 중세 시대 강력한 공국으로 자리매김했다. 발루아 가문의 프랑스 왕 샤를 5세(Charles V)의 남동생 필리프가 세운 부르고뉴 공국은 용맹공 장(Jean sans Peur), 선량공 필리프 3세(Philippe III le Bon), 용담공 샤를 1세(Charles Ier le Téméraire)로 이어지며 풍요로움과 번영을 누렸다. 부르고뉴 공국은 프랑스 왕이 섣불리 간섭하지 못하는, 당대 서유럽의 유일무이한 공국으로 발전했다.

당시 신성로마제국은 극심한 혼란과 분열을 겪었고, 재정 상태면에서는 프랑스 또한 부르고뉴 공국의 경쟁자가 되지 못했다. 당시 오스트리아의 합스부르크 가문은 아직 시골의 지주나 다를 바 없는 수준이었다. 그러던 중 합스부르크 가문의 막시밀리안 1세(Maximilian I, 재위 1486~1519)와 용담공 샤를 1세의 딸 마리의 결혼을 기화(奇貨)로 가문을 일으킬 수 있었다. 신성로마제국 황제 막시밀리안 1세는 부르고뉴에서 자란 덕분에 그곳의 풍요로움을 한껏 누렸다. 그 막시밀리안 1세의 손자가 신성로마제국 황제와 스페인 왕위를 겸한 카를 5세(Karl I, 재위 1519~1556, 카롤루스 1세)다. 중유럽과 서유럽, 남유럽을 넘어 아메리카 대륙과 필리핀 제도의 카스티야 식민지까지 아우르는 광대한 영토를 다스리게 되면서, 카를 5세의 제국은 19세기 영국에 앞서 '태양이 지지 않는 나라'라는 영광스러운 별명까지 얻었다.

## 부르고뉴 군주들이 가메 품종 포도를 그토록 싫어하고 뿌리 뽑으려 한 절박한 이유

14세기에 이르러 부르고뉴 공국의 번영은 절정에 달했다. 이때 가메(Gamay) 품종이 새로 등장해 공국 내 많은 포도밭에서 대량으로 재배되면서 부르고뉴 와인에 주목할 만한 변화가 나타나기 시작했다.

레드와인 품종 중 하나인 가메는 부르고뉴 와인으로서는 잡다

## 본 그래브

### 부르고뉴를 알기에 딱 좋은 중급 클래스 와인

중세 시대에는 프랑스에서 '왕의 와인'이라고 하면 누구나 본 와인을 떠올렸으나 오늘날에는 많은 사람이 부르고뉴의 대표 와인을 떠올린다. 왜 이런 변화가 생겼을까? 가장 큰 이유는 본에는 샹베르탱(Chambertin)이나 뮈지니(Musigny) 같은 최고 품질의 유명한 와인을 양조하는 특급 밭(Grand cru)이 없었기 때문이다.

"썩어도 준치다"라는 말대로, 본 와인은 '왕의 와인'으로서 최고 대우를 받던 시절만은 못 해도 여전히 일정 수준 이상의 명성을 유지하고 있다. 본 와인은 사람을 편안히 감싸주는 듯한 포용력을 지녀 처음 접하는 사람도 부담 없이 마실 수 있다. 전형적인 부르고뉴 와인으로 와인을 공부한다면, 부르고뉴 와인을 제대로 경험하게 해줄 좋은 텍스트가 될 수 있다. 부르고뉴 와인 가격이 하늘 높은 줄 모르고 치솟는 와중에 비교적 저렴하게 구매할 수 있으므로 가성비 면에서도 장점이 있고 매력적이다. 도멘 톨로보(Domaine Tollot-Beaut)나 조제프 드루앙(Joseph Drouhin) 등 뛰어난 와인 생산자도 많다. 이들 대표적인 명문 와인 생산자는 대형 네고시앙인 루이 자도(Louis Jadot)를 본거지로 삼는다.

도멘 톨로보의 프리미에 크뤼 그레브(Premier Cru Grèves, 2020년)
사진 제공: (주) 럭 코퍼레이션

한 품종으로, 프랑스 와인 업계에서 사실 주류가 아니었다. 부르고뉴 공국의 중심지 코트 도르에는 피노누아(Pinot noir)라는 품종의 포도나무가 심어졌다. 가메 품종은 부르고뉴의 보졸레(Beaujolais) 지구에서는 주인공 대접을 받았으나 최상급 부르고뉴 와인 양조에는 사용하지 않는 것이 엄격한 관례이자 불문율이었다.

가메는 피노누아의 변이종으로 알려져 있다. 그러나 피노누아와 같은 기품과 오묘한 맛이 부족해 포도를 재배하는 농가들은 힘들여 가메를 심지 않았다.

가메 품종이 정확히 언제 부르고뉴에 등장했는지는 밝혀지지 않았다. 분명한 것은 14세기 중반 유럽 전역을 강타한 페스트 팬데믹 당시 가메가 포도밭의 주류로 자리매김했다는 사실이다. 14세기 중반기인 1348~1349년에 페스트가 부르고뉴를 습격해 포도나무를 돌보던 많은 수도사의 목숨을 앗아갔다. 무시무시한 감염병 페스트가 창궐해 많은 사람이 죽어가는데, 한가하게 포도 농사를 지을 농부는 없다. 그렇다 보니 대책 없이 방치되는 농지가 늘어갔다. 그때 노동력 부족 위기를 가메 품종이 절묘하게 파고들었다. 가메 품종은 농사에 품이 많이 들지 않고, 피노누아와 비교해 상대적으로 수확량이 많았기 때문이다.

피노누아는 과육이 얇아 상대적으로 병충해에 약한 섬세하고 까다로운 품종이어서 철저하게 관리하며 정성껏 돌보지 않으면 좋은 열매를 맺을 수 없었다. 페스트 팬데믹이 전 유럽을 휩쓸기 전에는 수도사들이 애지중지하며 피노누아를 재배했으나, 감염병으로 수도사가 되려는 사람이 줄어들다 보니 수도원에서도 일손이 부족할 수밖에 없었다.

부르고뉴 공국의 공작 장 1세(Jean I de Bourgogne, 재위 1404~1419)는 포도나무 품종의 세대교체를 우려스러운 눈길로 바라보았다. 심지어 그는 포도밭에서 '균형 잡히지 않은 가메 품종'을 모두 뿌리째 뽑아내라는 칙령을 내렸다. 부르고뉴 공국의 레드와인은 반드시 피노누아로 만들어야 한다는 신념과도 같은 믿음 때문이었다. 그의 아들 선량공 필리프 3세(Philippe III de Bourgogne, 재위 1419~1467) 역시 선친의 유지를 이어받아 근본 없는 가메 품종의 씨를 말리라고 명령했다.

역대 부르고뉴 공국 군주들은 페스트라는 희대의 감염병이 창궐하는 과정에 굴러들어온 돌 같은 가메 품종을 마뜩잖아했다. 모두 부르고뉴 와인은 반드시 피노누아로 양조해야 한다고 굳게 믿었으며, 가메 품종은 피노누아에 한참 미치지 못하는 아류라고 여겼던 것이다. 따라서 가메 품종 와인은 진입 장벽이 낮을 수밖에 없었다. 피노누아 와인처럼 진한 향기와 오묘한 맛을 내지 못해 와인 애호가들은 가메 품종 와인의 맛이 밋밋하다고 표현한다.

부르고뉴는 그동안 본을 중심으로 품질이 뛰어난 와인을 생산하는 지역으로 명성을 얻었고 지역 재정을 풍요롭게 살찌웠다. 그런데 갑자기 가메 품종이 포도밭을 차지하면서 오랫동안 어렵게 쌓아온 부르고뉴의 명성에 먹칠할 수도 있는 상황이었다. 즉, 피노누아 와인에 가메 와인을 섞어서 판매하다가는 자칫 피노누아의 뛰어난 맛과 아름다움, 매력이 망가질 수 있다고 여겼다. 그리고 한발 더 나아가 피노누아 와인이 사라진다면 부르고뉴의 부또한 보장받을 수 없었다.

이러한 이유로 역대 부르고뉴 공국 군주들은 가메 품종을 금지하기에 이르렀다. 그럼에도 부르고뉴에서 가메 품종이 암암리에 꾸준히 재배되었다. 잡초와도 같은 놀라운 생명력으로 가메 품종 포도나무는 끈질기게 살아남아 포도밭 재배 면적을 늘려갔다.

그로부터 세월이 한참 지난 1858년 통계에 따르면, 코트 도르의 2만 6,500헥타르 중 가메 품종이 약 83퍼센트에 달하는 2만 2,000헥타르를 차지했다. 20세기 후반에는 1만 헥타르 수준으로 떨어졌으나, 부르고뉴에서는 여전히 가메 품종이 활발히 재배되고 있다.

누구나 알다시피 경제는 수요와 공급 법칙이 지배한다. 부르고뉴에서 굴러들어온 돌 가메가 박힌 돌 피노누아를 밀어낼 수 있었던 것은 그에 상응하는 수요가 뒷받침되었기 때문이다. 중세 시대 초기에는 왕과 왕족, 공작, 후작, 백작, 남작, 자작 등 귀족층과 그들의 가족, 그리고 교황이나 추기경, 대주교와 주교를 비롯한 교회 지배층 등 일부 계층만 와인을 마실 수 있었다. 그러나 중세 시대 후기에 유럽에서 농업혁명이 일어나 상업 경제가 활발해지면서 일반 도시 주민도 와인을 맛볼 수 있어 와인 맛을 알게 되었다. 도시 주민들은 형편상 비싼 와인을 마시지 못하고 상대적으로 저렴한 와인을 마실 수밖에 없었다. 당시 그들의 지갑 사정에 어울리는 와인이 가메 품종으로 생산한 와인이었다.

파리는 부르고뉴 지역에서 생산된 와인의 거대 시장이었다. 이 강력한 수요에 부응하기 위해 생산업자들은 가메 품종으로 생산한 저렴한 와인을 꾸준히 공급했다. 그 결과, 재배 면적이 크게 줄어든 피노누아 와인은 생산량이 적어 오히려 희소가치가 커졌다. 그 덕분에 부르고뉴의 피노누아 와인은 명품 와인으로 재탄생해 일부 권력자와 부자들만 마실 수 있는 최고급 와인이라는 이미지가 생겨났다.

가메 품종 와인과 피노누아 와인의 문제는 오늘날까지 이어지고 있다. 21세기 접어들어 부르고뉴 와인 가격은 폭등에 폭등을 거듭했다. 현재 와인 업계에서 부르고뉴 와인은 막대한 부와 강력한 인맥을 모두 가진 일부 와인 애호가들만 마실 수 있는 귀하신 몸이 되었다. 다만 부르고뉴 와인이라 할지라도 가메를 섞은 와인은 여전히 저렴한 가격에 구매할 수 있다. 참고로, '부르고뉴 파스투그랭(Bourgogne Passetoutgrain)', '코토 부르기뇽(Coteaux Bourguignons)' 등의 이름이 붙은 와인은 가메와 피노누아를 섞어 생산한 합리적인 가격대의 상품으로, 나름대로 부르고뉴 와인의 맛을 일부나마 맛볼 수 있다.

실제로 최근 '부르고뉴 파스투그랭'은 피노누아 100퍼센트인 부르고뉴 와인보다 맛이 좋다고 인정받고 있다. 부르고뉴 와인의 우수함을 조금이라도 더 많은 사람에게 알리고자 애쓰는 최고 기술력을 가진 생산자가 피노누아로 놀라울 정도로 뛰어난 와인을 만들면서, 동시에 합리적인 가격대에 품질이 비교적 우수한 '부르고뉴 파스투그랭', '코토 부르기뇽'도 함께 생산한다.

'와인은 대중의 것인가, 부자들의 것인가?' 가메 품종과 피노누아 품종의 문제는 여전히 우리에게 이렇게 질문을 던지고 있다.

## 보르도는 왜 백년전쟁 기간 내내 프랑스가 아닌 잉글랜드 편을 들었을까

잉글랜드와 프랑스 사이에 백년전쟁이 발발했다. 1337년 일이다. 백년전쟁은 잉글랜드 플랜태저넷 왕가의 에드워드 3세(Edward III, 재위 1327~1377)가 일으켰다. 에드워드 3세의 어머니는 프랑스 카페 왕조 출신 왕인 필리프 4세의 딸 이사벨(Isabella of France)이었다. 따라서 에드워드 3세는 외가의 피를 물려받은 자신에게도 프랑스 카페 왕가의 계승권이 있다고 주장했다.

백년전쟁은 중간중간 휴전기를 가지며, 100년이 훨씬 더 지난 1453년에 판가름 났다. 최종적으로 프랑스 왕이 대륙의 자기 판도 안에서 잉글랜드 세력을 대부분 축출하며 끝났다. 그러나 전쟁 막바지에 이르기까지 잉글랜드가 계속 우위를 차지했다.

곤란한 지경에 빠지기 전 잉글랜드는 부르고뉴 공국을 아군으로 삼은 덕분에 상당 기간 프랑스를 상대로 한 전쟁에서 유리한 고지를 점할 수 있었다. 부르고뉴 공국은 프랑스 발루아 왕조의 분가로, 프랑스 왕과 친척 사이였다. 그러므로 팔이 안으로 굽어야 정상인데, 어찌 된 일인지 부르고뉴 공의 팔은 프랑스 왕 대신 외세인 잉글랜드 왕 쪽으로 굽었다. 이유가 뭘까? 여기에는 그럴 만한 연유가 있었다. 프랑스 궁정 내 격렬한 대립으로 부르고뉴 공의 마음이 잉글랜드 에드워드 3세를 향해 돌아섰기 때문이다. 좀 더 구체적으로 보면, 궁정 안 사람들은 왕태자 샤를이 중심이 된 아르마냐크(Armagnac) 파벌과 부르고뉴 파벌로 나뉘어 살벌한 경쟁을 벌였다. 이러한 상황에서 부르고뉴 공국의 선량공 필리프 3세는 앙심을 품고 잉글랜드 편을 들었다.

이렇듯 난마처럼 복잡하게 얽힌 물밑 관계로 인해 백년전쟁 동안 부르고뉴와 보르도라는 양대 와인 명산지가 프랑스의 적이 되어 맞선 셈이었다. 앞에서 살펴본 대로, 보르도는 오랫동안 프랑스의 판도 안에 있으면서 잉글랜드 왕의 영토이자 영향력 아래에 있었다. 여기에 부르고뉴 공국까지 가세해 프랑스 왕 타도를 외치며 그를 궁지에 몰아넣고 강하게 압박했다.

우여곡절 끝에 프랑스는 부르고뉴 공국과 극적으로 화해하면서 백년전쟁에서 승기를 잡아 최종 승리를 거뒀다. 그 과정에서 프랑스 왕 샤를 7세(Charles VII, 재위 1422~1461)는 부르고뉴 공국의 선량공 필리프 3세(Philippe III de Bourgogne, 재위 1419~1467)의 아버지 장 1세 암살 사건을 사죄하고 아라스 조약(Traités d'Arras)을 체결하며 전쟁 승리의 발판을 마련했다.

백년전쟁 전 과정을 통틀어 시종일관 잉글랜드 편을 든 지역은 보르도였다. 전쟁 기간 내내 보르도와 잉글랜드의 관계는 그 이전보다 오히려 더 끈끈해져 '보르도 특권'이 더욱 강화되었다. 내륙 와인의 보르도 수입 금지 조치는 1453년 12월 25일까지 연장되며 보르도를 더욱 부유하게 해주었다.

1453년, 길고 긴 백년전쟁이 마침내 끝난 뒤에야 프랑스 왕은 겨우 보르도를 되찾아 자기 영토로 편입시킬 수 있었다. 샤를 7세는 처음엔 보르도의 배신을 괘씸하게 여겨 특권을 모두 박탈하려

했으나 곧바로 철회하고, 보르도의 특권을 인정해주었다. 잉글랜드와 다시 전쟁이 벌어졌을 때 보르도가 잉글랜드 편으로 돌아설지 모른다는 우려 때문이었다.

우여곡절 끝에 프랑스는 백년전쟁의 결과로 보르도를 되찾았고, 그 후 용담공 샤를이 낭시 전투(Battle of Nancy)에서 전사하면서 후계자를 잃은 부르고뉴 공국까지 흡수하는 데 성공했다. 이로써 프랑스는 보르도와 부르고뉴라는 오늘날의 프랑스뿐 아니라 전 세계적으로 가장 높은 명성을 가진 2대 와인 명산지 보르도를 프랑스 지도에 당당히 새겨넣을 수 있게 되었고, 오늘날 우리가 아는 진정한 와인 대국 프랑스의 모습에 한발 더 가까워졌다.

### 부르고뉴군이 잔 다르크를 붙잡아 잉글랜드군에 넘긴 결정적 이유는 '와인' 때문이었다?!

오를레앙(Orléans)의 성 처녀 잔 다르크(Jeanne d'Arc, 1412~1431)는 지난한 백년전쟁에서 그야말로 힘겹게 거둔 프랑스의 역전승에 가장 큰 공을 세운 인물이다. 그녀는 왕태자 샤를이 랭스에서 대관식을 거행하게 될 것으로 예언한 뒤 한창 전쟁이 벌어지고 있는 오를레앙으로 달려갔다. 당시 오를레앙은 잉글랜드군에 사면이 포위되어 절체절명의 위기였는데, 잔 다르크는 초인적인 힘을 발휘해 이 포위망을 뚫고 오를레앙 성문을 여는 데 성공했다. 잔 다르크의 기적과도 같은 분전으로 왕태자 샤를은 북상할 수 있었고, 그녀의 예언대로 랭스에서 샤를 7세로 즉위했다.

전쟁이 끝난 뒤 잔 다르크는 부르고뉴 군대에 포로로 잡혀 잉글랜드군에 넘겨졌다. 잉글랜드군은 잔 다르크를 종교재판에 회부했고, 고통스러운 재판 끝에 유죄 판결을 받은 그녀는 화형대에서 불꽃 같은 생을 마감했다.

잉글랜드군과 손잡았던 부르고뉴군은 잔 다르크를 잉글랜드군에 전리품으로 넘겼다. 자신들이 포로로 잡은 잔 다르크를 굳이 침략자인 잉글랜드군에 넘긴 이유가 뭘까? 여기에는 단순한 군사적 협약 외에 또 다른 속내가 있었다고 볼 수밖에 없다. 부르고뉴군의 관점에서 볼 때 잔 다르크는 눈엣가시와도 같은 존재였다. 그녀의 말과 행동 하나하나가 거슬리고 불편했다. 하지만 명목상으로는 잔 다르크가 부르고뉴 공국의 적인 프랑스 왕을 지지한다는 이유를 내걸었다. 그러나 좀 더 현실적인 이유로는 잔 다르크가 부르고뉴 공국의 주요 산업이자 부의 원천인 와인 산업을 망치려는 사악한 마녀로 보였기 때문이다. 참고로, 당대 와인 업계 상황을 살펴보면 랭스의 샹파뉴 지역이 부르고뉴 와인의 강력한 경쟁자였다.

물론 이 시대에는 이 지역을 '샹파뉴'라는 이름으로 부르지 않았으나, 좀 더 이해하기 쉽게 샹파뉴 지역이라고 부르자. 샹파뉴 지역의 중심 도시인 랭스는 역대 프랑스 왕이 대관식을 올리는 곳으로, 프랑스 정신을 상징하는 지역으로 인정받았다. 프랑스 왕이 랭스에서 대관식을 올린 데는 복합적인 연유가 있으나 현실

잉글랜드군과 손잡았던 부르고뉴군은

잔 다르크를 잉글랜드군에 전리품으로 넘겼다.

잔 다르크

적인 이유도 있었다. 그것은 바로 랭스가 대관식용으로 사용하기에 손색없는 질 좋은 와인 산출 지역이었기 때문이다. 실제로 중세 시대 랭스를 중심으로 하는 지역은 품질 좋은 와인 생산지로 이름이 높았다.

오늘날에는 '샹파뉴'라고 하면 발포성 와인의 대명사 격인 '샴페인'을 떠올리지만, 사실 이 지역에서 샴페인이 생산되기 시작한 때는 17세기였다. 그때까지 샹파뉴는 비발포성 스틸 와인을 생산했다. 백년전쟁이 벌어지던 시대에 랭스 주변 지역은 신흥 스틸 와인 산지로 눈부시게 성장하고 있었다.

부르고뉴 공국은 샹파뉴의 급격한 성장에 위기감을 느꼈다. 부르고뉴인들은 랭스와 그 주변 지역의 명성이 나날이 높아지는 상황이 달갑지 않았다. 그러잖아도 사람들의 관심이 온통 랭스에 집중되는 것이 탐탁지 않았는데, 공교롭게도 그 시점에 샤를 7세가 랭스에서 대관식을 올리는 바람에 온 프랑스인의 관심이 쏠렸다. 샤를 7세의 대관식이야 어쩔 수 없다 치더라도, 상황을 이 지경으로 만든 잔 다르크가 원망스러웠을 것이다.

부르고뉴 공국 입장에서는 잔 다르크가 오를레앙을 해방한 상황도 불편하고 마뜩잖았다. 오늘날 오를레앙에는 포도밭이 대부분 사라지고 없지만, 중세 시대에는 또 하나의 와인 명산지로서 부르고뉴와 치열하게 경쟁했기 때문이다. 따라서 잔 다르크의 행동이 부르고뉴 와인의 강력한 경쟁자의 명성을 높여주고 입지를 강화하는 짓거리로 비쳤을 것이다. 잔 다르크가 등장하기 전까지는 부르고뉴가 와인 판매 주도권을 쥐고 있었다. 그런데 잔 다르크로 인해 한창 잘나가던 당시 판세를 단숨에 뒤집어엎을 지경에 이르자, 부르고뉴군은 잔 다르크에게 괘씸죄를 물어 잉글랜드군에 전리품으로 넘겼다고 추정할 수 있다.

그러나 부르고뉴 공국의 의도와 달리 샹파뉴 지역의 와인 품질은 나날이 향상되어 급기야 부르고뉴 와인을 위협하는 수준으로 성장했다. 그 탓에 부르고뉴의 고심은 깊어질 대로 깊어졌다.

## 15세기 서유럽에서 포도 농사와 와인 산업이 크게 번창한 이유는 '예수' 때문이었다?!

중세 시대 말기에 해당하는 15세기에 서유럽의 와인 산업은 급격히 성장했다. 이 시기에 포도밭이 유럽 전역으로 빠르게 퍼져나갔다. 북유럽에서 가까운 덴마크에서도 포도밭을 쉽게 볼 수 있을 정도로 포도 농사가 보편화되었다. 참고로, 16세기 초 무렵에는 독일에서 포도밭이 30만 헥타르에 달할 정도였다고 한다.

여기서 궁금한 점 하나, '15세기에 왜 서유럽에서 그토록 포도 농사가 보편화하고 와인 산업이 번창했을까?' 여기에는 종교적 원인이 자리하고 있다. 와인은 기독교와 떼려야 뗄 수 없는 음료다. 성경에서 와인은 예수의 피에 자주 비유되었고, 붉은색 포도즙이 예수가 십자가에 못 박혀 피 흘리는 모습으로 받아들여졌다.

이런 상황에서 당대 기독교 신자에게 포도밭 개간은 하나님이

지도 8

**부르고뉴와 잉글랜드(보르도)에 협공당한 프랑스(1421년경 세력도)**

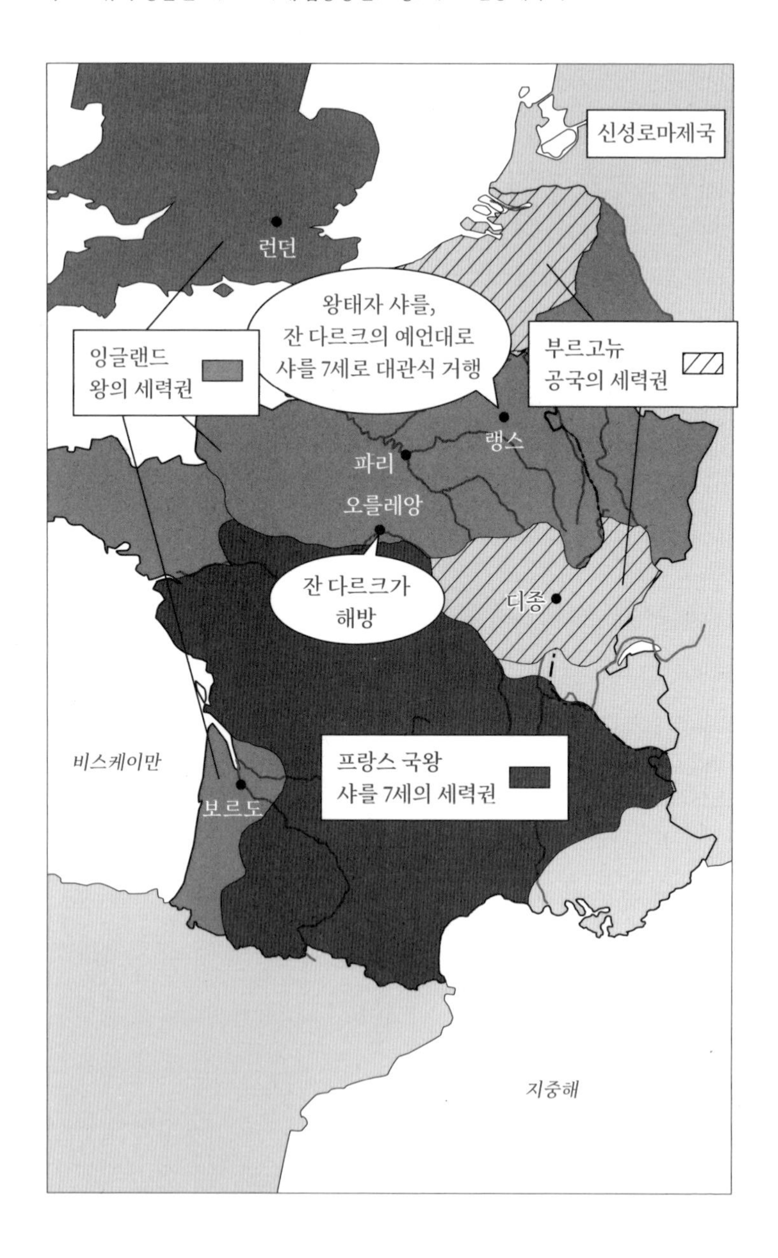

내리신 사명처럼 여겨졌다. 그리고 포도밭에서 얻는 수확물은 교회의 든든한 재원이 되어주었다. 이렇게 포도밭이 확장되면서 자연스럽게 와인 수요도 눈에 띄게 늘어났다. 그 결과, 그때까지 와인을 마실 수 없었던 농민 등 일반 평민도 와인을 마시게 되었다. 사실 중세 시대 사람들이 마신 와인은 오늘날의 와인과 상당히 달랐다. 묽고 시큼털털한 맛을 내는 음료여서 현대의 싸구려 와인에도 미치지 못하는 품질이었다. 그런데도 당대 유럽인들은 와인을 귀한 음료로 여기며 즐겨 마셨다.

15~16세기 초반까지 유럽에는 커피도 홍차도 존재하지 않아 경제 상황이 조금씩 나아지기 시작한 농민 등 평민 계급 사람들이 구할 수 있는 기호품의 범위가 그리 넓지 않았다. 고작 꼽아봐야 와인과 맥주 정도이지 않았을까. 게다가 당대에는 수질 위생도 좋지 않았기에 와인은 상대적으로 안심하고 마실 수 있는 음료로 인식되었다. 기록에 따르면, 16세기 독일에서는 한 사람이 연간 140리터나 되는 상당한 양의 와인을 마셨다. 현대 독일의 1인당 연간 와인 소비량이 약 20리터이니, 그야말로 엄청난 양의 와인을 마신 셈이다. 우리가 '맥주의 나라'로 알고 있는 독일은 중세에 와인 대국이기도 했다.

이렇게 와인은 서유럽 사람들의 일상에 성공적으로 정착했다. 그러나 17세기 이후 다시금 시련의 시기를 맞이한다.

World History of WINE

④

# 와인 대국 독일의 포도밭을 초토화한 30년 전쟁

## 한때 대표적 와인 대국의 하나였던 독일의 포도밭을 초토화한 30년 전쟁

16~17세기에 서유럽은 심각한 분열로 인해 큰 고통을 겪었으며 급격한 변화를 경험했다. 독일에서 마르틴 루터(Martin Luther, 1483~1546)가 종교개혁을 주창하며 기독교 세계가 구교인 가톨릭과 신교인 프로테스탄트로 양분되었다. 이 대립으로 생겨난 최대 전쟁이 17세기 전반기에 독일에서 벌어진 30년 전쟁이다.

꼼짝없이 30년 전쟁의 살벌한 전쟁터가 돼버린 독일에는 덴마크군, 스웨덴군 등의 프로테스탄트 진영, 스페인과 프랑스군 등의 가톨릭 진영이 짓쳐들어와 전 국토를 잿더미로 만들었다. 유럽 전역이 휘말린 종교전쟁으로 독일 전역은 황폐해질 대로 황폐해졌으며, 포도밭도 철저히 파괴되었다.

이렇게 말하면 의아해하는 사람도 많겠으나, 30년 전쟁이 발발하기 전까지 독일은 오랫동안 대표적인 '와인 대국'의 하나였다. 라인가우의 와인 생산을 지탱하던 에베르바흐 수도원과 슐로스 요하니스베르크에 저장된 와인은 스웨덴 병사들이 바닥이 드

러날 때까지 마시고 또 마셔 탕진했다(74쪽 지도 5 참조).

30년 전쟁으로 라인가우뿐 아니라 라인강 유역 포도밭도 병사들의 군홧발에 짓밟혔다. 1648년 베스트팔렌 조약 체결로 30년 전쟁이 끝났을 때 독일의 포도밭 면적은 전성기의 6분의 1도 안 되는 약 5만 헥타르로 줄어들어 있었다. 게다가 와인 산지였던 알자스(Alsac, 독일식 표기는 Elsass)는 프랑스의 손에 넘어갔다.

30년 전쟁 당시 파괴된 후 복구되지 못한 와인 산지도 많았다. 전쟁이 발발하기 전에는 포도밭이었던 곳이 평지의 경우 곡물을 생산하는 밭이나 사과나무 과수원으로 바뀐 사례도 적지 않았다.

그 와중에 독일에서 와인 생산을 꾸준히 지속해온 지역은 대개 라인강과 모젤강 주변에 몰려 있었다. 그러나 이 일대에서도 독일 와인은 부흥의 길을 걷지 못했으며, 과거의 영광을 회복할 수 없었다.

## 리슬링 와인은 어떻게 독일 와인 부활의 신호탄이 되었나

그런 와중에도 부활을 위한 희망의 싹은 남아 있었다. 그 대표적인 예로 리슬링 와인을 꼽을 수 있다. 지금은 독일산 리슬링이 최고의 화이트와인용 포도로 꼽히지만, 17세기까지만 해도 기피되던 품종이었다. 여기서 궁금한 점, 리슬링 품종은 왜 당시 기피되었을까? 재배하기 매우 까다로운 품종인데다 상대적으로 수확량도 많지 않았기 때문이다. 더구나 리슬링으로 생산한 와인은 산미가 너무 강했다. 한랭한 기후인 독일에서는 일조량이 부족하면 당도가 떨어지고 톡 쏘는 산미가 지나치게 강해 부담스러운 와인이 만들어지는 경향이 있었기 때문이다.

그때까지 독일에서 주로 재배한 화이트와인용 포도 품종은 샤르도네였다. 오늘날 샤르도네는 독일에서 세 번째로 잘나가는 품종으로, 뜻밖에도 대중적인 와인을 양조하는 데 사용된다.

포도 농사와 와인 산업 부흥을 목표로 삼은 독일은 샤르도네를 대신해 리슬링을 재배하기 시작했다. 리슬링이 샤르도네보다 풍미가 훨씬 진하고 우아한 산미를 내기 때문이었다. 독일 와인은 양보다 질로 소비자의 마음을 사로잡는 방향으로 노선을 바꾸었다. 그 결과, 1720년 무렵 명산지 요하니스베르크에서 리슬링 와인이 대량 생산되었다.

이미 부르고뉴 지역에서는 까다로운 피노누아로 기품 있는 향기를 지닌 와인을 생산해 인기를 끌고 있었다. 이 점을 고려할 때 당대 독일 와인 역시 부르고뉴 방식을 벤치마킹했다고 볼 수 있지 않을까.

여기서 짚고 넘어가야 할 점 한 가지, 다만 독일도 부르고뉴도 비슷한 경험을 했다. 당시 독일에서는 봉건 영주가 농민들에게 리슬링으로 품종을 바꾸라고 엄명을 내려도 농민들은 콧방귀를 뀌며 가성비가 훨씬 높은 실바너(Silvaner) 품종을 재배하는 사람이 많았다. 이는 부르고뉴에서 수확량이 적은 피노누아를 대신해 상대적으로 수확량이 많고 품이 적게 드는 가메 품종을 많이 심어 부르고뉴 공국 군주의 심기를 불편하게 한 일을 연상케 한다.

이러한 우여곡절을 겪으면서도 독일은 당당히 리슬링의 나라로 거듭났다. 리슬링의 맛을 한 단계 끌어올린 와인으로 슈페틀레제를 꼽을 수 있다. 슈페틀레제는 '늦은 수확(spät+lese)'이라는 의미인데, 의도적으로 수확 시기를 늦춘 포도로 생산한 와인이다. 이는 일반적인 수확기에 딴 리슬링 포도로 양조한 '카비네트'보다 한 단계 격 높은 와인으로, 알코올 도수가 올라감에 따라 점점 더 진하고 달콤한 맛을 낸다.

슈페틀레제는 어떻게 등장했을까? 사실 우연히 탄생했다고 해도 지나치지 않다. 라인가우 지역의 요하니스베르크에서 풀다(Fulda)의 영주가 농민들에게 자신이 소유한 포도밭을 빌려주고 와인을 생산하도록 했다. 18세기 후반의 일이다. 그런데 1775년 수확기가 되기 전에 어떤 사람이 영주에게 포도 수확을 허가받으러 가는 길에 강도를 만나 귀가가 예정보다 한참 늦어졌다. 그사이 포도는 수확 시기를 놓쳐 익을 대로 익어 문드러지기 시작했다. 그러자 그 농민은 도저히 상품성을 맞출 자신이 없어 자기 신세를 한탄하다가 지푸라기라도 잡는 심정으로 와인을 만들었다. 그런데 놀랍게도 그렇게 양조한 와인이 기존의 와인보다 한결 달콤하고 맛있었다.

그 후 독일 라인가우 지역에서는 수확 시기를 늦춘 리슬링 와인이 본격적으로 만들어지기 시작했다. 이것이 '슈페틀레제'의 탄생 일화다. 사실 슈페틀레제는 하나의 모험이었다. 수확 시기를 미루는 동안 자칫 폭우라도 내리면 힘들게 지은 한 해 농사가 헛수고로 돌아가기 때문이었다. 그런데도 독일 와인 생산자들은 슈페틀레제 양조에 과감히 도전했고, 차츰 완성도를 높여가며 새로운 유형의 와인으로 자리매김시켰다.

슈페틀레제에 이어 독일에서 아우슬레제(초완숙 포도만 엄선해서 사용한 와인)가 등장했다. 아우슬레제는 슈페틀레제 아이디어를 한 단계 발전시킨 와인이다. '상대적으로 늦게 수확하는 포도로 양조한 와인일수록 당도가 높아져 달콤한 맛을 낸다면, 포도가 거의 부패할 정도로 수확 시기를 좀 더 늦추면 어떻게 될까?' 하는 생각에서 나온 시도였던 셈이다. 이 대담한 발상을 용기 있게 실천한 와인 생산자가 등장했다. 우선, 거의 부패할 만큼 오래된 포도송이를 고른 다음, 다시 부패한 포도를 한 알 한 알 선별하는 작업을 꼼꼼히 거쳐 '아우슬레제'가 탄생했다.

아우슬레제 아이디어는 뒤에서 소개할 극강의 당도를 자랑하는 헝가리산 토카이(Tokaji) 와인을 의식한 결과이기도 했다. 그런 까닭에 이 와인의 명칭인 '토카이' 역시 같은 의미의 독일어 단어 '아우스부르흐(Ausbruch)'에서 따온 것으로 알려져 있다.

19세기에 세계적으로 명성을 드날린 이탈리아의 오페라 작곡가 조아키노 로시니(Gioacchino Rossini)가 독일 프랑크프루트를 방문했을 때 독일산 리슬링을 마셨다는 일화가 전해 내려온다. 여러 정황상 당시 그가 마신 와인은 슈페틀레제나 아우슬레제였을 가능성이 높다. 로시니는 황홀하게 달콤한 리슬링에 푹 빠져 방문했던 레스토랑의 와인 리스트를 따로 챙겨갈 정도였다고 한다. 이 일화를 통해 알 수 있듯, 19세기에 리슬링은 세계적인 명성을 떨치는 와인으로 성장해 있었다.

**'검은 술'로 불리는 보르도 와인 오브리옹은**
**당대에 선풍적인 인기를 끌던 초콜릿,**
**커피와 치열한 경쟁 결과 탄생했다는데?!**

17세기 후반에 이르러 보르도 와인은 그 전과 전혀 다른 차원의 경지에 도달해 있었다. 그 결과, 이 시대 영국인들은 보르도 와인의 '포로'가 돼 있었다. 그때까지만 해도 우리가 아는 루비처럼 붉은 레드와인이 존재하지 않았다. 그러다가 17세기 보르도 지역에서 선홍색에 타닌이 강한, 기존에 존재하지 않던 완전히 새로운 스타일의 와인이 등장했다. 이것이 바로 오늘날까지 이어져 내려오는 중후한 풍미를 지닌 보르도 와인의 시작이다.

새롭게 탄생한 보르도 와인은 영국인들을 단숨에 사로잡았다. 보르도는 15세기 중반 무렵까지 잉글랜드 왕의 영지로 남아 있었다. 심지어 백년전쟁이 끝난 뒤 보르도 지역이 프랑스의 영지로 편입된 후에도 보르도와 잉글랜드의 인연은 계속 이어졌으며, 보르도는 영국에 꾸준히 와인을 판매했다.

잉글랜드 해군본부에서 서기관을 지낸 새뮤얼 피프스(Samuel Pepys)가 런던에 있는 '킹스 헤드(King's Head)'라는 가게에서 술을 마신 뒤 남긴 일기가 전해진다. 훗날 그는 해군청장으로 진급하며 승승장구했는데, 아무튼 그는 일기에 "오브리앙(Ho Bryan)이라는 이름의 프랑스 와인을 마셨는데, 여태껏 경험해보지 못한 독특한 맛을 지닌 매력적인 술이었다"라고 적었다.

위에서 언급한 '오브리앙'은 '오브리옹(Haut-Brion)'으로, 그리고 오늘날의 '샤토 오브리옹(Château Haut-Brion)'으로 면면히 이어진다. 그런데 동시대 철학자 존 로크(John Locke) 역시 오브리옹에 매료되었다고 한다.

런던에서는 오브리옹과 같은 진한 보르도 와인이 블랙 와인, 즉 '검은 술'로 불리며 고상한 취미를 추구하는 사람들의 입맛을

**샤토 오브리옹**

아무나 쉽게 마실 수 없는, 메독 지구 이외에서 유일한 1등급 와인

보르도 '5대 샤토' 중 하나인 이 생산자는 보르도의 명문 샤토가 올망졸망 모여 있는 메독 지구에서 벗어나 있다. 페삭 레오냥에 자리한 샤토 오브리옹은 1855년에 실시한 등급 평가에서 메독 지구 이외에서 생산되는 와인으로는 유일하게 1등급을 획득했다.

샤토 오브리옹은 뛰어난 맛과 향, 기품이 풍부하게(rich) 조화를 이뤄 고급스러운 느낌을 준다. 21세기에 들어선 뒤 어느 한 부분 빠질 데 없는 최상급 와인으로 거론면서 가격이 폭등해 진입 장벽이 높아져 아무나 쉽게 마실 수 없는 와인이 되었다.

샤토 오브리옹 레드(2018년)

사진 제공: (주) Mottox

사로잡았다. '검은 술'은 보르도에서 이미 뱃사람이나 부유층이 즐길 정도로 대중화에 성공했는데, 이 시대에 이르러 영국인 고객의 입맛과 취향까지 사로잡았다.

보르도 지역에서 새로운 음료 '검은 술'이 생산되기 시작한 것은 와인 양조 역사에서 괄목할 만한 진화다. 이는 시대가 바뀌면서 새롭게 나타난 기호에 부응하는 변화이기도 했다. 이러한 변화의 물결은 유럽의 세계 진출과 밀접한 관련이 있다.

15세기 후반 이후 유럽인들은 인도양으로 진출했고, 대서양을 건너 기존에 접하지 못한 문물을 유럽에 들여왔다. 또한 유럽 안에서도 새로운 문물이 탄생했다. 이는 새로운 기호품과의 만남으로 유럽인들의 미각이 '변화'하기 시작한 결과라고 추정할 수 있다.

이 시대에 유럽인들은 커피, 초콜릿, 설탕 등의 맛을 차츰 알아갔다. 런던에서 최초의 커피하우스가 탄생했다. 1652년의 일이다. 이후 커피는 급속도로 유럽인들을 매료시켰다. "커피 없이는 살 수 없다"라는 말이 나올 정도로 커피가 유럽인의 일상을 파고들었다.

초콜릿의 원료인 카카오는 원래 중남미에서 고귀한 사람들이 즐겨 마시던 음료였는데, 대항해 시대에 스페인 사람들이 발견해 본국으로 들여왔다. 초콜릿 자체는 씁쓸한 맛을 내는데, 여기에 설탕을 첨가하면 마치 마법을 부린 듯 고혹적인 음료로 변신한다. 당시 스페인은 카리브해 섬들에서 플랜테이션 농업으로 설탕을 생산했기에 초콜릿과 설탕을 한 묶음으로 취급했다.

스페인은 초콜릿의 존재를 철저히 비밀에 부쳤다. 그러나 둘이

17세기에는 특히 커피와 초콜릿이
어마어마한 지각 변동을 일으켰다.

『캐롤라이나, 플로리다, 바하마 제도의 자연사』(1729–1747)에 수록된 카카오 열매 삽화

먹다가 하나가 죽어도 모를 만큼 맛있는 음식이라면 시간이 걸릴 뿐 아무리 철저히 보완을 유지하려 해도 언젠가는 정보가 새어나갈 수밖에 없다. 설탕도 마찬가지였다. 설탕을 탄 초콜릿은 유럽의 왕실과 귀족 사회로 시나브로 알음알음 퍼져나갔다.

이 시대 유럽에 본격적으로 보급되기 시작한 상품 중에는 진(gin)을 비롯한 증류주와 스페인에서 건너온 셰리(sherry)도 있었다. 이렇듯 17세기 유럽은 온갖 진귀한 물품과 독특한 맛을 지닌 기호품이 넘쳐나 사람들의 미각을 사로잡으며 취향을 저격했다.

17세기에는 특히 커피와 초콜릿이 그야말로 어마어마한 지각변동을 일으켰다. 커피와 초콜릿 모두 진한 풍미를 지니는데, 와인과 마찬가지로 풍부한 타닌을 함유하고 있다. 따라서 한 번 빠지면 누구든지 헤어 나오기 어렵다. 그리되면 기존에 마시던 묽은 와인으로는 도저히 만족할 수 없게 된다. 이 시대 사람들은 진하고 씁쓸한 맛을 추구하기 시작했다. 새 시대의 요구에 부응하는 가장 특별한 상품이 보르도에서 생산된, 타닌이 강한 '검은 술'이었다고 볼 수 있다.

## 자갈투성이의 황폐한 메독 지구를 세계적 와인 명산지로 바꿔놓은 주인공, 네덜란드인들

보르도의 메독 지구가 개간되면서 보르도의 '검은 술'이 한 단계 높은 수준에 도달했다. 메독 지구는 오늘날 보르도 와인의 정점을 이루는 지역이다. 이곳에서는 '샤토 마르고(Château Margaux)', '샤토 라투르(Château Latour)' 등의 최고급 와인을 생산하는데, 놀랍게도 16세기까지 이 지역에는 포도밭이 거의 없었다. 그전까지 메독 지구는 대부분 바다에 잠긴 늪지대였기 때문이다. 따라서 오랜 옛날 고대 로마인들이 메독 지구에서 굴을 양식했다는 이야기가 전설처럼 전해 내려오기도 한다.

이 늪지대를 오늘날의 매력적인 포도밭으로 탈바꿈시키는 데 가장 크게 공헌한 세력은 네덜란드인들이다. 네덜란드는 16세기에 세계 제국으로 성장한 스페인의 지배를 받았는데, 폭정에 더는 참지 못해 독립전쟁을 벌여 마침내 독립을 쟁취했다. 1581년의 일이다. 독립 이후 네덜란드는 동인도회사를 설립해 과감히 해양 진출을 도모했고, 중국과 일본을 비롯한 극동 아시아까지 발을 디뎠다. 당시 네덜란드인들이 해양 진출로 획득한 매력적인 상품이 바로 와인이었다.

한랭한 기후인 네덜란드에서는 포도나무가 잘 자라지 못한다. 그런 연유로 그 당시 적지 않은 수의 네덜란드인이 보르도와 포르투갈 등지로 옮겨갔다. 그중에는 아예 보르도 등지로 영구 이주해 프랑스인으로 귀화하는 네덜란드인도 적지 않았다.

보르도에 발을 디딘 네덜란드인들은 상대적으로 저렴한 와인을 대량으로 확보하고 싶어 했다. 그들이 오늘날 메독 지구의 늪지대 간척을 시작한 것은 그런 필요성 때문이었다. 원래 바다가 자주 넘치는 저지대에 살았던 네덜란드인들은 메독 지구를 성공적으로 간척할 수 있는 최고의 기술을 보유하고 있었다.

네덜란드인들의 성공적인 간척 사업에 힘입어 메독 지구에서 포도 재배가 본격적으로 시작되었다. 그러나 처음에는 포도 재배보다 귀족과 대상인들의 저택 건설이 먼저 이루어졌다. 보르도 지역의 귀족과 거상들은 간척사업으로 새롭게 생긴 땅에 별장을 지었다. 그 당시 지은 웬만한 성은 저리 가라 할 정도로 규모가 크고 위풍당당한 대저택이 바로 '샤토'다. 그들은 대저택 주위로 밭을 만들고 자신과 가족이 마실 와인을 양조할 포도를 재배했다. 당연히 자기 입에 들어갈 것이니 조금이라도 더 맛있는 와인을 생산하려고 혼신의 힘을 기울였다.

그 당시에는 누구도 메독 지구의 자갈투성이 땅이 전 세계적으로 가장 뛰어난 품질의 포도와 와인을 생산하는 '황금의 땅'이 되리라 생각하지 못했다. 자갈의 깊이가 3미터에 달하는 이 땅은 배수성이 뛰어나고, 자갈이 온기를 저장해 보온 역할을 하는, 그야말로 축복받은 땅이었다. 메독 지구는 저렴한 와인을 원했던 네덜란드인들의 의도와 거의 정반대로 최고급 와인을 생산하는 지역으로 세계 와인사에 한 획을 그었다.

## 루이 14세 등 부르봉 왕가와의 특별한 인연으로
## 오늘날 세계 최고 명품 와인 반열에 오른 부르고뉴 와인

프랑스는 17세기 후반 유럽 유일의 강대국으로 성장했다. 프랑스는 16세기 후반 가톨릭과 프로테스탄트가

격렬히 대립한 '위그노 전쟁'을 겪었다. 부르봉 왕가의 시조인 앙리 4세(Henri IV, 재위 1589~1610)는 종교의 자유를 보장하는 낭트 칙령(Edict of Nantes)을 선포해 피로 얼룩진 내전을 끝냈다. 이후 프랑스는 유럽의 다른 나라들보다 한발 앞서 첨예한 종교 대립과 갈등을 해결할 수 있었다.

1618년에 시작된 30년 전쟁은 독일의 신성로마제국을 사실상 붕괴시켰다. 그로 인해 30년 전쟁에 개입한 스페인 역시 국고가 바닥을 드러낼 지경에 빠졌다. 경쟁자들이 줄줄이 탈락하면서 프랑스는 손 안 대고 코 푸는 식으로 유럽 최강대국의 지위에 오를 수 있었다.

루이 14세(Louis XIV, 재위 1643~1715)는 이런 상황과 분위기 속에서 프랑스의 왕위에 올랐다. 그의 시대에 프랑스는 화려한 궁정 문화를 활짝 꽃피웠으며, 와인 문화가 절정에 달했다. 그 와인 문화의 중심 자리를 두고 부르고뉴와 샹파뉴가 치열한 각축전을 벌였다. 당시에는 부르고뉴의 레드와인이 맛도 좋고 향이 뛰어나며 세련된 와인으로 평가받았는데, 샹파뉴 와인이 그 뒤를 바짝 추격하며 위협하는 상황이었다.

그 무렵 샹파뉴에서는 발포성 와인이 만들어졌는데, 아직은 거품이 없는 페드 스틸 와인으로 좋은 점수를 받았다. 그중에서도 특히 샹파뉴의 아이(Ay) 지방에서 생산된 레드와인은 유럽의 왕실과 많은 귀족 가문에서 선풍적인 인기를 끌었으며, 위그노 전쟁을 성공적으로 끝낸 앙리 4세 역시 아이 와인의 열렬한 팬이 되었다. 아이 지방은 지금도 품질이 뛰어난 샴페인을 생산하며 와인 명산지로서 명맥을 이어가고 있다.

부르고뉴와 샹파뉴는 앞서거니 뒤서거니 경쟁하며 유럽 와인 산업 분야에서 인기와 존경을 양분했다. 두 지역은 당대 가장 영향력 있는 인물을 자기 팬으로 만들기 위해 치열한 경쟁을 벌였다. 그중 가장 대표적인 사람이 바로 '태양왕'이라는 별칭으로 불린 루이 14세다. 그가 부르고뉴 와인과 샹파뉴 와인 중 어느 지역 와인의 손을 들어줄지를 두고 물러설 수 없는 자존심 대결을 벌였다. 프랑스 궁정에서도 루이 14세가 두 지역 중 어느 지역의 와인을 마셔야 할지를 놓고 갑론을박 논쟁이 벌어지기는 마찬가지였다.

'왕의 와인' 경쟁에서 당당히 승리를 차지한 주인공은 부르고뉴 와인이었다. 이는 루이 14세의 어의였던 파공이 왕에게 부르고뉴 와인이 건강에 이롭다고 간언한 덕분이었다. 당시 루이 14세는 통풍을 앓고 있었는데, 파공은 부르고뉴의 뉘(Nuits) 지역에서 생산되는 오래된 와인이 통풍에 효과가 좋다고 간언했다. '뉘'는 '코트 드 뉘(Côte de Nuits)'로, '코트 도르(Côte d'Or)' 북쪽 중간 지점에 자리 잡고 있다. 참고로, 이곳은 전 세계적으로 명성 높은 레드와인 생산 지역이다.(273쪽 지도 12 참조)

루이 14세는 파공의 간언을 진지하게 받아들여 뉘에서 생산된 레드와인을 주로 마셨다고 한다. 사실 부르고뉴 와인이 통풍에 좋다는 의학적 근거는 어디에도 없다. 오히려 과음은 자칫 통풍을 악화시킬 위험이 있지만, 행운의 여신이 부르고뉴를 향해 미소를 지어준 덕분인지 부르고뉴 와인을 즐겨 마신 뒤로 루이

14세의 건강이 어느 정도 좋아졌다고 한다. 물론 루이 14세의 건강 회복과 부르고뉴 와인 사이에는 어떠한 인과 관계도 없다는 것이 역사적인 사실에 가깝다.

와인은 고대로부터 신비한 약으로 여겨져 귀하게 사용되었다. 루이 14세 시대에도 와인의 약효에 관한 믿음에는 변함이 없었다. 루이 14세의 어머니였던 안 도트리슈(Anne d'Autriche)는 여러 차례 유산을 반복하며 후사를 보지 못했다. 그러던 어느 날 부르고뉴 가르멜 수녀원의 마르게리트라는 수녀가 "장차 왕비가 왕자를 낳을 것입니다"라고 예언했다. 당시 왕비는 이미 37세의 적지 않은 나이였는데, 그 수녀의 예언대로 결혼한 지 23년 만에 임신해 왕자를 낳았다. 그 당시 도트리슈가 아들을 낳을 수 있었던 것은 본 지역에서 생산된 와인 덕분이라는 이야기가 꼬리에 꼬리를 물고 퍼져나갔다.

어찌 됐든 수녀원에서는 마르게리트 수녀의 예언이 이루어진 것을 기념하기 위해 수녀원 소유의 포도밭 중 가장 좋은 밭을 골라 '비뉴 드 랑팡 제쥐(Vigne de L'enfant Je'sus, '아기 예수의 포도밭'이라는 의미)'라고 이름 붙였다. 또한 훗날 루이 15세(Louis XV, 재위 1715~1774)가 아들을 품에 안을 수 있었던 것 역시 부르고뉴의 포마르(Pommard) 와인 덕분이라는 소문이 돌기도 했다. 실제로 이 지역에는 루이 15세가 지은 샤토와 그가 사랑한 와인을 생산하는 샤토 드 포마르(Château de Pommard)가 오늘날까지 남아 있다.

부르고뉴 와인은 이렇게 프랑스 부르봉 왕가와 특별한 인연을 맺어 '왕의 와인'으로 신분 상승했다.

**17세기 후반 영국인들이 아니었다면**
**오늘날과 같은 샴페인 시장은**
**존재하지 않았을 것이다?!**

거품 없이 잔잔한 와인 세계에 스파클링와인(발포성 와인)이 등장하면서 다채로움이 더해졌다. 스파클링와인은 샹파뉴 지방에서 탄생해 샴페인(Champagne)이라는 이름으로 불렸다.

사실 샹파뉴 지방은 한랭한 기후여서 와인을 양조하기에 녹록하지 않았다. 가을에 수확한 포도가 초겨울 추위로 인해 발효를 멈추기 때문이다. 와인은 매서운 겨울 추위로 한동안 발효를 멈췄다가 이듬해 봄이 되어 날씨가 따뜻해지면 다시 발효하기 시작하는데, 이 과정을 거치면서 발포성을 지닌다. 샹파뉴 지방의 샴페인은 이렇게 탄생했다.

샴페인이 등장하기 전까지 샹파뉴 지방에서는 오랫동안 거품 없는 스틸 와인을 생산했다. 그런데 어쩌다가 발효 과정에서 발포성 와인이 만들어지면 생산자들은 상품 가치가 없다고 판단해 유통하지 않았다. 그러던 중 17세기 후반에 이르러 소문을 듣고 알음알음 시장에서 발포성 와인을 찾는 사람이 생겨나더니 차츰 늘어났다.

샴페인을 맨 처음 양조한 사람은 누구일까? 오랫동안 오빌레(Hautvillers)의 베네딕도회 수도원 출납 담당 수도사 돔 페리뇽(Dom Pérignon)으로 알려져 있었다. 어느 날 페리뇽 수도사가 관

돔 페리뇽 수도사

리하던 술 창고에서 발포한 와인이 거품을 내기 시작했고, 이를 발견한 뒤 어찌어찌하다가 샴페인으로 만들었다는 이야기가 전설처럼 전해 내려온다. 어떤 이는 그 과정에서 페리뇽 수도사가 와인을 재발효시키기 위해 설탕을 첨가했다고 주장하지만, 진위는 알 수 없다.

그러나 역사학적으로 볼 때 페리뇽 수도사는 와인 양조법을 상당히 진지하게 연구한 인물이기는 하지만, 샴페인 발명자로 인정하기에는 약간 무리가 있다. 그는 병 속에 거품을 가둬두면 흥미로운 맛을 내는 와인이 만들어진다는 것을 증명해 보였다. 그러나 그의 기법에는 여전히 한계가 있어 샴페인 시장을 개척하는 단계까지 나아가지 못했다. 그런데 한 영국인이 샴페인의 잠재적 시장 가치를 한눈에 알아보았다고 전해진다.

이는 당시 영국의 특수한 환경, 산업 및 경제 상황 등과 밀접한 관련이 있다. 그 무렵 영국에서는 유리 공업이 한창 눈부시게 발전하고 있었다. 그리고 그 당시 병에 담은 와인은 매우 귀한 상품이었다. 그런데 유리 생산 기술이 제대로 발전하지 않은 탓에 병의 두께가 일정하지 않아 쉽게 파손되었다. 어쩔 수 없이 와인 생산업자들은 와인을 나무통에 보관할 수밖에 없었다. 그러던 중 17세기 후반 영국에서 석탄을 연료로 사용해 비교적 튼튼하고 실용적인 유리를 생산하는 데 성공했고, 그 후로 병에 담은 맥주를 출시하기 시작했다. 샴페인과 같은 발포성 액체를 보관 및 운송하자면 나무통보다 병에 담는 방식이 훨씬 효과적이다. 이렇게 해서 병에 담긴 샴페인은 바다 건너 영국으로 보내져 대량 소비되었다.

그 당시 영국에는 세계 각지에서 온갖 다양한 기호품이 물밀듯이 몰려들었다. 여기에는 영국인이 천성적으로 지닌 풍부한 호기심이 뒷받침되었다. 게다가 영국인이 평소 즐겨 마시는 맥주 또한 거품 있는 술이라서 입안에서 자글자글한 거품이 톡톡 터지는 발포성 와인, 즉 샴페인 역시 거부감 없이 받아들였다.

그 시대 런던 시민들의 들뜬 기분과 당대의 분위기가 샴페인 소비를 촉진한 면도 있다. 영국은 17세기 후반, 심각한 내전 상황에 돌입했다. 올리버 크롬웰(Oliver Cromwell, 1599~1658)이 이끄는 의회파는 내전에서 승리를 거두고 국왕 찰스 1세를 처형했다. 왕을 몰아내고 호국경으로 취임한 크롬웰은 독재나 다름없는 공포정치를 했고, 오락을 금지했다. 그는 모든 국민에게 평상시라면 수도사에게나 요구될 금욕 생활을 강요했다. 크롬웰의 엄격한 통치에 영국인들은 불평불만을 넘어 비명을 질러댔다. 크롬웰이 죽은 뒤 프랑스로 망명해 있던 찰스 1세의 아들 찰스 2세(Charles II, 재위 1660~1685)가 귀국해 새 왕으로 즉위했을 때 온 국민이 두 팔 벌려 환영한 것은 그래서였다.

찰스 2세는 많은 영국 왕을 통틀어 가장 향락을 즐긴 인물 중 한 명이다. 프랑스 망명 경험으로 그가 루이 14세의 화려한 궁정 생활을 경험한 영향이 컸다. 그가 왕위에 오르자 영국의 수도 런던도 향락을 즐기는 왕의 영향을 받아 흥청거리는 분위기로 변해 갔다. 런던은 향락에 잘 어울리는 샴페인을 받아들일 준비가 돼 있었던 셈이다.

샴페인은 이런 상황과 분위기 속에서 영국과 절묘한 접점을 만들어내며 등장했다. 영국인들은 일찍이 보르도 와인을 접한 후 그 매력에 빠졌으며, 샴페인의 가능성을 최대한 끌어내려고 노력했다. 이렇듯 샴페인의 시장 가치를 발견한 영국에서 샴페인의 완벽한 상품화와 진화가 시작되었다.

## 샴페인의 대명사, 돔페리뇽

프랑스의 와인 기업 모엣&샹동(Moët&Chandon)이 양조하는 샴페인 중 가장 오랜 기간 숙성 과정을 거치는 와인에 '돔페리뇽'이라는 이름이 남아 있다. 이는 돔 페리뇽 수도사에게 존경을 표하기 위한 표시로, 10년 이상 숙성을 거친 고급 와인으로 널리 알려져 있다.

돔페리뇽은 전 세계적으로 인기가 높다. 샴페인을 잘 모르는 사람조차 '돔페리뇽'이라는 이름을 한 번쯤 들어봤을 정도다. '돔(Dom)'은 베네딕도회 소속의 사제에게 붙이는 존칭인데, '최고'라는 의미로 잘못 알려지기도 했다. 일본에서 돔페리뇽은 거품 경제 시대에 분위기를 띄우기 위한 일종의 도구인 술로도 대중에게 알려졌다. 그러나 사실 돔페리뇽은 차분한 분위기에서 천천히 음미하며 마시기에도 좋은 샴페인이다. 고급 클럽이나 주점이라면 거의 예외 없이 돔페리뇽을 구비하고 있는데, 매장의 고급함과 품격을 과시하기 위한 술이라는 인식이 형성되었기 때문이다.

## '낮은 진입 장벽'과 '짜릿한 자극'을 무기로 신흥 강대국 군주들을 단번에 매료시킨 샴페인

영국인 사이에서 차츰 인기를 얻기 시작한 샴페인은 얼마 지나지 않아 유럽 대륙을 제패했다. 특히 프랑스 궁정은 샴페인에 열광했다. 실제로 루이 15세의 연인이자 당대 막강한 권력가 중 한 명이었던 퐁파두르 후작 부인(marquise de Pompadour)은 "마셔도 추해질 염려 없는 술은 오직 샴페인뿐"이라며 이 알코올음료를 칭송했다.

이후 샴페인은 프랑스 궁정뿐 아니라 유럽 각 나라 궁정에서 사랑받는 술로 자리매김했다. 이 알코올음료는 신흥국 군주들 사이에서 특히 인기가 높았다.

18세기는 러시아와 프로이센이 강대국으로 부상했다. 표트르 1세(Pyotr I, 재위 1682~1721)가 통치하는 러시아는 북유럽의 강대국 스웨덴을 침공해 상트페테르부르크를 건설하고, 새롭게 준(準)강대국 반열에 올랐다.

러시아의 갑작스러운 부상에 강한 자극을 받은 프로이센은 프리드리히 1세(Friedrich Wilhelm I, 재위 1701~1713) 이후 프리드리히 1세의 손자이자 정복 군주였던 프리드리히 2세(Friedrich II, 재위 1740~1786)가 국방력 강화 정책을 펼쳐 합스부르크 가문이 다스리는 오스트리아의 영토를 빼앗았다.

프리드리히 2세는 폴란드를 분할 통치하기도 했다. 그는 러시아의 예카테리나 2세(Ekaterina II, 재위 1762~1796)와 결탁하고 오스트리아까지 끌어들여 영토 확장 정책을 추진했으며, 계몽 군주로서 부국강병에 몰두했다.

신흥국 군주였던 표트르 1세, 예카테리나 2세, 프리드리히 2세 모두 샴페인을 사랑했다. 샴페인은 누구나 이해하기 쉬운 맛이어서 진입 장벽이 낮고, 와인과 비교해 한결 자극적이고 직관적인 맛을 내기 때문이었다. '낮은 진입 장벽'과 '짜릿한 자극'이라는 두 가지 요소가 새로운 것에 대한 호기심이 많고 상승 욕구가 강한 신흥국 군주들을 단번에 매료시켰다.

샴페인은 신흥국 군주들에게 훌륭한 선전 도구로 사용되기도 했다. 18세기에 샴페인 가격은 그야말로 눈알이 튀어나올 정도로 비쌌기 때문이다. 18세기 중반 파리 시내의 와인 가격에 대해 좀 더 구체적으로 살펴보자. 예를 들어, 당시 발포성 샴페인은 1파인트(pinte, 약 930밀리리터)당 7리브르(livre)였고, 비발포성 와인은 4리브르였다. 참고로, 당시 보르도의 메독 지구 브랜드 와인은 3리브르였고, 부르고뉴의 볼네(Volnay)나 샹베르탱은 1리브르 15수(sou) 정도였으니 최상품 와인 가격에 비해 최대 여섯 배 이상 비쌌다. 샴페인은 희소가치가 높아 보르도와 부르고뉴의 명품 와인보다 훨씬 고가의 상품으로 여겨졌다. 그러자 러시아, 프로이센 등 신흥 강대국 군주들은 다양한 종류의 샴페인을 구해 진열해두고 자신을 돋보이게 하는 장식품처럼 활용했다고 한다.

그러나 이 시대 샴페인이 장점과 매력적인 요소만 지닌 것은 아니었다. 샴페인 생산과 관리에 적지 않은 위험이 동반되었기 때문이다. 당시에는 아직 유리병 제조 기술의 완성도가 낮아 발포성 액체를 병에 담아두면 병 안에서 기압이 생기고 차츰 상승해 보존 과정에서 병이 깨지는 불상사가 비일비재했기 때문이다. 병이 깨지는 순간, 유리 파편이 사방으로 흩날려 샴페인 저장 창고에서 일할 때 안전사고를 예방하기 위해 철 가면을 쓸 정도였다고 한다.

## 로마네콩티 포도밭을 두고 콩티 공과 퐁파두르 후작 부인이 벌인 자존심 대결 이야기

17~18세기 '와인계의 왕좌'에 오른 부르고뉴 와인 중에서도 특히 고귀한 와인을 낳은 밭이 파리에서도 차츰 입소문을 타며 유명해졌다. 이 시대에는 부르고뉴의 풍경이 달라졌다. 예전에는 많은 수도사가 와인을 양조하기 위해 포도 농사를 지었는데, 언젠가부터 트렌드가 바뀌어 농가에 재배를 맡기는 방식으로 자리 잡았다. 지독한 재정난에 허덕이던 수도원이 포도밭을 귀족과 부자에게 매각하기도 했다. 당시 프랑스에서는 이미 프로테스탄트인 위그노가 전체 인구의 일정 비율을 차지해 가톨릭 수도원의 입지가 크게 흔들렸다.

대중에게 인기 있는 와인의 양상도 크게 달라졌다. 과거에는 남프랑스 본 지방의 와인이 최고 와인으로 인정받았는데, 북쪽인 코트 드 뉘의 레드와인이 새로운 강자로 떠올랐다. 이러한 변화의 흐름을 통해 유럽인의 미각 변화 추세를 엿볼 수 있다. 이 시대 유럽인은 커피와 초콜릿 맛을 알고 즐겨 찾으면서 맛이 꽉 찬 강렬한(heavy tightly, bold firmly 등으로 표현하는 맛-옮긴이) 느낌의 와인을 선호하는 사람이 증가했다. 부르고뉴 와인은 섬세함을 우선시하는데, 섬세하면서도 개성 분명한 와인을 선호하는 방향으로 취향이 변한 것이다.

이러한 시대 변화에 발맞춰 콩티 공 루이 프랑수아(Louis François)가 라 로마네를 사들였다. 와인 세계를 잘 모르는 사람도 한 번쯤 들어봤을 최상품 와인 '로마네콩티'를 포함한 명품 포도

**로마네콩티**

**누구나 그 이름을 알아도, 거의 누구도 마셔본 적 없는 환상의 와인**

오늘날 최고급 와인의 대명사 격으로 인정받는 로마네콩티를 생산하는 양조장은 '도멘 드 라 로마네콩티(Domaine de la Romanée-Conti, 줄여서 DRC라 부름)'다. 같은 도멘(Domaine, 주로 부르고뉴 지방의 와인 생산자를 가리키는 용어)에서 생산되는 상품으로는 라 타슈(La Tâche), 리슈부르, 그랑 에셰조(Grands Échézeaux) 등이 있지만, 로마네콩티의 명성에 압도당하는 분위기다. 로마네콩티는 종종 '완벽한 액체'라는 문구로 칭송받는다.

로마네콩티의 이름은 누구나 귀에 익을 정도로 자주 들어보았지만 실제로 마셔본 사람은 매우 드문, 그야말로 전설의 와인이다. 가격이 워낙 비싸 오늘날 한 병에 수천만 원에 이를 정도다. 그야말로 '환상의 와인'이라 할 만하다. 또한 로마네콩티가 있는 본 로마네 마을에는 '로마네○○', '○○로마네' 등 '로마네'가 붙은 와인이 많다. 이름에 '로마네'가 붙었다고 해도 '로마네콩티'와 비교될 만한 와인은 없다. 아니, 오히려 그 반대로 마셔본 뒤 실망하는 경우가 더 많다. 라 타슈 정도를 예외로 꼽을 만한데, 결론적으로 말해 '로마네콩티'는 유일무이한 존재다.

밭이 콩티 공의 소유가 된 것이다. 로마네콩티를 포함한 밭은 '로마네 밭'이라는 이름으로 불리는데, 과거 클뤼니 수도원 계열 사람들이 생비방 수도원(Saint-Vivant monastère)을 세우고 이 밭을 소유했다. 그러던 중 17세기 전반기 재정난에 시달리던 생비방 수도원은 이 밭을 포기할 수밖에 없어 소유자가 바뀌었다. 그러나 로마네 밭은 소유자가 바뀌어도 별로 영향받지 않고 항상 고귀한 명성을 유지했다.

당시 콩티 공은 부르봉 왕가의 방계와 핏줄이 이어진 귀족으로, 탄탄한 자금력을 갖추고 있었다. 1760년, 그는 막대한 자금을 동원해 로마네의 포도밭을 파격적인 가격에 사들였다. 10년 전에 이루어진 클로 드 베즈(현재의 샹베르탱 클로 드 베즈)의 매각과 비교하면 1헥타르당 열 배나 비싼 가격이었다.

샹베르탱 클로 드 베즈는 명품 와인을 생산하는 밭으로, 여기서 양조되는 와인은 지금까지도 상당히 비싼 가격에 거래된다. 그런데 로마네 밭에 이 밭의 거래가와는 비교도 안 될 만큼 막대한 자금이 투입되었다. 콩티 공은 망설임 없이 거액을 투자할 정도로 이 밭을 마음에 들어 한 것으로 보인다. 실제로 지금도 '로마네콩티'의 명성은 부르고뉴에서 한 단계 높은 자리를 차지한다.

콩티 공이 로마네콩티를 사들인 일화가 사람들의 입에 오르내릴 때 자주 등장하는 것이 바로 퐁파두르 부인과의 자존심 대결이다. 루이 15세의 애첩이었던 퐁파두르 후작 부인은 궁정 내에서 자주 살롱을 개최하며 문화계와 사교계의 중심에 서고자 했던 인물이다. 그런데 콩티 공이 로마네콩티 매입 과정에 승부 근성 강한 퐁파두르 부인의 심기를 불편하게 했던 모양이다. 로마네 밭에 눈독을 들이던 퐁파두르 부인이 루이 15세를 움직여 그 밭을 사들이려 한다는 소문을 들은 콩티 공이 달려가서 보란 듯이 엄청난 가격에 사버린 탓이었다.

이 이야기가 사실인지는 의문이다. 로마네콩티의 '전설'을 좀 더 극적으로 만들기 위해 누군가 창작했을 가능성이 크기 때문이다. 이 밭에 '로마네콩티'라는 이름이 붙은 시기는 언제일까? 프

**샤토 라피트 로칠드**

**보르도 5대 샤토 중 최고 와인**

샤토 라피트 로칠드는 보르도의 유명한 와인 생산 지역인 메독 지구에 자리 잡은 '5대 샤토' 중 하나다. 1858년 등급 평가에서 1등급을 획득하기 전에도 묵직하고 품격 있는 와인을 꾸준히 생산해온 양조장이다.

에티켓(Etiquette, 프랑스어로 '와인 라벨'을 뜻함)만 보면 수수한 편인데, 막상 마셔보면 마시길 잘했다는 기분이 드는 와인이다. 보르도 5대 샤토 중 최고로 꼽히며, 일등급 중의 일등급으로 평가받는다. 21세기에 들어서서는 경제적으로 풍요로워지고 부유해진 중국인들에게 큰 인기를 얻고 있다.

샤토 오브리옹 레드(2018년)
사진 제공: (주) Mottox

랑스 혁명이 끝난 지 얼마 지나지 않았을 시점이다.

폼파두르 후작 부인과 관련한 또 한 편의 이야기가 전해진다. 1750년 무렵 퐁파두르 부인이 베르사유에서 보르도 와인을 마시기 시작했다고 한다. 그녀는 보르도 중에서도 특히 라피트(현재의 샤토 라피트 로칠드Château Lafite Rothschild) 와인을 사랑했다고 전해진다. 당시 파리에서는 보르도 와인을 마시는 분위기가 형성되지 않았다. 보르도 와인은 영국인에게 사랑받는 대표적인 와인이었기에 베르사유 궁정은 앙숙인 영국인이 마시는 와인에 싸늘한 반응을 보일 수밖에 없었다.

퐁파두르 후작 부인은 어떻게 보르도 와인에 매료되었을까? 그녀는 리슈부르(Richebourg) 남작을 통해 보르도 와인의 진가를 알게 된 뒤 그 매력에 흠뻑 빠졌다. 당시 리슈부르 남작은 보르도에 부임한 경험이 있어 이 지역에서 생산되는 보르도 와인의 진가를 알게 되었다. 그 덕분인지 그가 베르사유로 돌아왔을 때 피부에 광채가 돌 정도로 건강미를 뽐냈다고 한다. 루이 15세가 리슈부르 남작에게 그 비결을 묻자, 그는 '라피트 와인' 덕분이라고 답했다. 그 후 퐁파두르 부인을 비롯한 베르사유 궁정 인사들이 보르도 와인을 즐겨 마셨다.

전해지는 이야기에 따르면, 콩티 공에게 로마네 밭을 빼앗기다시피 한 퐁파두르 부인은 이에 앙심을 품고 보란 듯이 보르도 와인을 마시며 부르고뉴 와인에 비수를 꽂으려 했다는 주장도 있다. 진위를 확인할 수 없는 이런 이야기들도 어디까지나 떠도는 소문에 지나지 않지만 말이다.

## 영국과 프랑스의 극심한 대립 과정에서 탄생한 보르도 와인 대용품 포트와인

포트와인(Port Wine)은 포르투갈에서 생산된 주정 강화 와인으로, 생산 과정에서 적은 양의 브랜디를 첨가한다. 포트와인은 영국과 프랑스의 격렬한 대립 과정에서 탄생했다고 알려져 있는데, 네덜란드가 이 대립과 관련 있다는 점이 흥미롭다.

17세기 후반, 야심가였던 프랑스 왕 루이 14세는 재위 기간 내내 영토 확장 기회를 노렸다. 그는 특히 풍요로운 네덜란드를 눈여겨보고 있었다. 당시 네덜란드와 프랑스는 자주 갈등을 빚거나 전쟁을 벌였다. 1660년대부터 1700년대 상황이다. 강대국 프랑스에 비해 고양이 앞의 쥐 신세였던 네덜란드는 국가의 존망을 걸고 격렬히 싸웠다.

1668년 영국 의회는 스튜어트 가문 출신 국왕 제임스 2세(James II, 재위 1685~1688)를 폐위시킨 뒤 추방하고자 했다. 이 과정에서 네덜란드 총독 빌럼(Willem III van Oranje)이 주도적인 역할을 했다. 그는 스튜어트 가문의 혈통을 물려받은 메리의 아들로, 영국 의회에서 제임스 2세를 몰아내달라는 청원을 받았다. 빌럼의 군대가 브리튼섬에 상륙한 직후 제임스 2세가 망명을 신청해 왕위가 공석이 되었다. 그 후 빌럼은 윌리엄 3세(William III, 재위 1689~1702)로 영국 왕의 자리에 올랐다.

당시 영국 의회는 윌리엄 3세의 즉위를 두 손 들어 반길 수도, 그렇다고 대놓고 반대할 수도 없었다. 영국 의회는 메리 여왕을 옹립할 계획을 세웠을 뿐 그녀의 남편인 윌리엄 3세를 눈엣가시 와도 같은 제임스 2세를 대신 몰아내주는 역할 정도로만 여겼다. 그러나 윌리엄 3세는 그에 굴하지 않고 메리와 공동 통치자로 당당히 즉위했다.

네덜란드 총독을 겸하고 있던 윌리엄 3세는 자신의 조국을 수호하겠다는 의지를 다지고 프랑스 군대와 맞서기 위해 영국군을 전선에 투입했다. 프랑스에 강한 적대감을 품고 있던 윌리엄 3세는 영국이 프랑스에 강경 정책을 취하는 데 힘을 실어주었다. 게다가 관세 문제로 보르도 와인이 영국에 들어오지 못하는 일이 벌어졌다.

오랫동안 보르도 와인에 길들어 있던 영국인들이 당황하며 불만이 팽배하자 윌리엄 3세는 보르도 와인 대용품을 적극적으로 찾았고, 포트와인에서 답을 얻었다. 이로써 보르도 와인의 품질에는 미치지 못하지만 브랜디를 첨가해 풍미를 한껏 돋운 포트와인도 새로운 수요가 생겨났다.

## 무슬림 국가인 오스만 제국은 실제로 와인을 엄격히 금지했을까

17세기 서유럽에서는 와인 업계에 일대 혁신이 이루어졌다. 그와 반대로, 발칸반도는 당시 쇠락의 분위기를 더는 감출 수 없었다. 고대부터 이 지역에서는 포도나무를 기르고 와인을 생산해왔다. 오늘날의 북마케도니아와 루마니아, 몰도바 등지에서는 문화가 발달한 고대 그리스는 물론이고 로마제국보다도 먼저 와인 양조가 시작되었다.

학자들은 다양한 유물과 기록을 근거로 로마제국 시대에 발칸반도 각지에 포도밭이 존재했다고 추정한다. 당시 로마 병사들은 발칸반도 각지를 개간하고 와인 문화를 보급했다. 발칸반도는 기복이 심한 지형으로, 이탈리아반도와 같은 경도에 자리한다. 따라서 발칸반도는 자연스럽게 대규모 와인 산지로 떠오르는 듯했으나 예상과 달리 와인 문화가 뿌리 깊이 자리 잡지 못했다. 중세부터 근세에 이르기까지 오스만 제국에 지배당한 것이 결정적 이유였다.

오스만 제국은 14세기 아나톨리아에서 발흥한 무슬림 국가다. 오스만 제국은 14세기부터 발칸반도를 침략하기 시작했는데, 16세기에는 발칸반도를 넘어 이집트와 아랍어권을 아우르는 대제국을 건설했다. 그러나 제국의 지배자들은 발칸반도 주민들에게 이슬람교를 믿으라고 강요하지 않아 주민 대다수가 기독교를 계속 믿었다. 그런데 무슬림이 절대 강자이자 지배자가 되면서 술을 금지하는 교리 탓에 많은 지역에서 와인 문화가 정체하거나 쇠퇴했다.

19세기에 이르러 오스만 제국의 발칸반도 지배 체제가 눈에 띄게 약해지다가 20세기 초반에 발칸반도의 영토 대부분을 상실했다. 서유럽에서 와인 혁명이 진행되는 동안 발칸반도는 이슬람이라는 철의 장막 안에 고립돼 있었던 셈이다.

오스만 제국이 실제로 와인 문화를 핍박했을까? 이 점을 꼼꼼히 따져가다 보면 약간 미심쩍은 부분도 눈에 띈다. 오스만 제국의 전성기를 이뤘다고 알려진 술레이만 1세(Süleyman I, 재위 1520~1566)는 알코올 소비를 줄이라는 칙령을 내렸다. 바꿔서 생각하면 이는 술탄이 음주 제한령을 내려야 할 정도로 와인을 많이 마셨다는 의미일 수도 있다.

술레이만 1세가 세상을 떠난 후 즉위한 셀림 2세(Selim II, 재위 1566~1574)는 유명한 애주가였다. 셀림 2세는 '주정뱅이 셀림(Selim the Drunk)'이라는 별명을 얻을 정도로 술을 즐겼으며, 부왕이 내린 와인 제한 칙령을 폐지했다.

셀림 2세는 베네치아 영토였던 키프로스를 호시탐탐 노리며 영토 확장을 꾀했다. 키프로스에는 달콤한 맛으로 유명한 와인 '코만다리아(Commandaria)'가 있었다. 당시 사람들은 셀림 2세가 코만다리아 와인을 차지하기 위해 키프로스를 자기 영토로 만들었다고 조롱하기도 했다. 이러한 역사적 자료를 근거로 볼 때, 오스만 제국이 와인을 실제로 금지하거나 부정했다고 보기는 어렵지 않을까.

## 오스만 제국이 헝가리를 침략하지 않았다면 헝가리 명품 와인 토카이도 탄생하지 않았을 것이다?!

동유럽에서 가장 유명한 와인을 꼽으라면 헝가리 동부의 토카이 지방에서 생산되는 토카이 와인을 빼놓을 수 없다. 토카이 와인은 귀부 포도(완숙한 후 귀부 균이 붙은 포도)로 양조하는 리큐어(liqueur) 와인으로, 극강의 달콤함이 특징이다. 보르도의 소테른(Sauternes) 와인은 귀부 포도로 양조하는 와인 중 가장 오랜 역사를 지녔는데, 토카이 와인은 소테른 와인과 함께 양대 산맥을 형성한다.

귀부 와인이란 썩어 문드러진 것처럼 보이는 귀부 포도로 양조한 와인을 말한다. 겉으로 보면 포도 알맹이가 뭉개져 진물이 날 뿐 아니라 곰팡이도 슬어 있지만, 내부 과즙은 점도와 당도가 매우 높아진 상태다. 이는 귀부 곰팡이(Botrytis cinerea) 때문이다. 이 곰팡이는 생식용 포도에는 큰 피해를 주지만, 특정 청포도에는 당도를 높이고 향기롭게 만드는 긍정적인 작용을 한다.

귀부 와인은 세계 곳곳에 존재하는데, 이는 우연의 산물이다. 토카이 지방의 귀부 포도 발견 역시 우연한 사건에서 시작되었다. 여기에는 여러 설이 있는데, 오스만 제국을 상대했던 전쟁과 밀접한 연관이 있다는 이야기가 전해진다.

발칸반도를 지배하던 오스만 제국은 1632년 헝가리를 자국 영토로 편입하고자 침략을 감행했다. 오스만 제국의 침략 당시, 헝가리에서 가장 부유한 귀족 라코치(Rákóczi) 가문의 포도밭을 관리하던 사람들도 모두 징병 대상이 되어 방치되는 바람에 수확이 늦어졌다. 그해 11월이 되어 가까스로 수확한 포도는 물컹하게 문드러지고, 곰팡이가 잔뜩 슬어 있었다. 땀 흘려 힘들게 가꾼 포도를 버릴 수 없어 와인을 만들었는데, 놀랍게도 벌꿀처럼 달콤하고 품질이 우수한 와인이 탄생했다.

발칸반도를 지배하던 오스만 제국은

1632년 헝가리를 자국 영토로 편입하고자 침략을 감행했다.

1686년 대튀르크 전쟁 당시 부다페스트 포위전 모습

또 다른 설은 대튀르크 전쟁(Great Turkish War)에서 토카이 와인이 탄생했다는 내용이다. 그 무렵 오스만 제국은 과거의 당당한 기세를 잃어버렸으나 야심만은 여전해서 합스부르크 가문의 수도 빈을 포위했다. 그러나 빈 포위가 실패로 끝나면서 역공에 나선 합스부르크 가문이 오스만 제국과 폴란드를 침략했다. 대튀르크 전쟁이 오스트리아와 폴란드의 승리로 끝났고, 오스트리아는 헝가리 전역을 손아귀에 넣었다.

이 전쟁에서 토카이 지방도 일시적으로 오스만 제국군의 공격을 받았다. 오스만 제국 군대가 두려워 토카이 주민들이 하나둘 피난길에 오르는 바람에 포도 수확기를 놓쳤다. 아까운 마음에 포도밭 주인이 그 포도로 와인을 양조했더니 놀라우리만치 달콤하고 맛있는 와인이 탄생했다.

귀부 와인에 관한 자연 발생설과 달리 누군가가 의도적으로 만들었다는 '기획 양조설'도 있다. 1650년, 라코치 가문의 예배당에 있던 사제가 귀부 포도를 선별한 뒤 실험적으로 와인 양조를 시도해 성공을 거두었다는 이야기다. 그 밖에 귀부 와인이 일반적인 주장보다 이른 16세기 말에 이미 존재했다는 주장도 있다.

토카이 와인 탄생과 관련해서도 여러 설이 존재한다. 토카이 와인은 헝가리인 국가(國歌) 가사에도 등장할 정도로 헝가리를 대표하는 술이다. 헝가리 국가는 8절까지 있다. 국가는 일반적으로 1절만 부르는데, 토카이 와인에 대한 찬사는 3절에 나온다.

"토카이의 포도밭에서 그대는 달콤한 과일즙을 떨구었으며……(Tokaj szőlővesszein Nektárt csepegtetté……)"

지도 9

**오스만제국과의 전쟁에서 탄생한 헝가리 명주 토카이 와인**

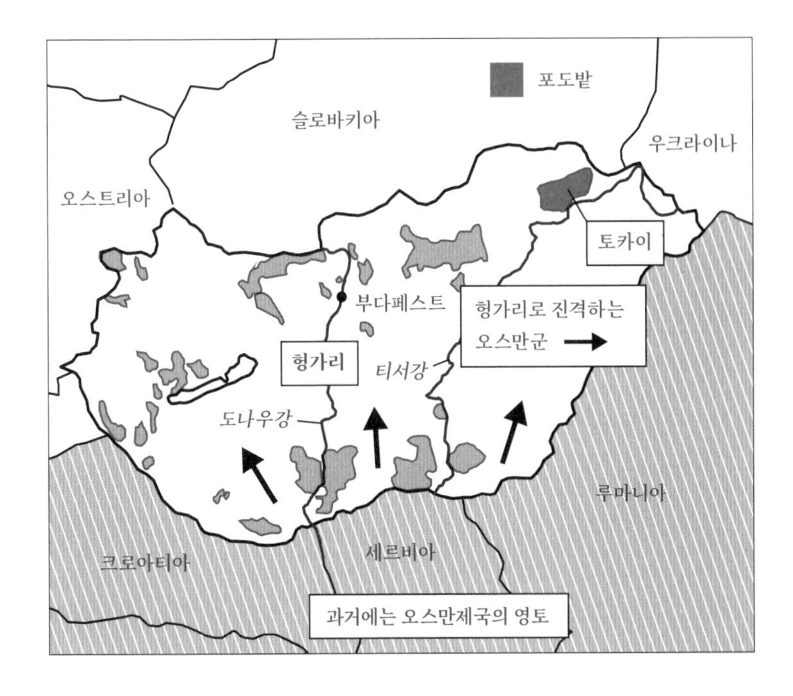

## 한때 헝가리군이 합스부르크군과 벌인 전쟁을 승리로 이끄는 데 큰 공을 세운 토카이 와인

헝가리에서 탄생한 토카이 와인은 18세기 프랑스 부르봉 왕조의 왕들과 러시아 로마노프 황실 황제들의 비밀 창고를 채웠다. 토카이 와인은 헝가리 귀족 라코치 페렌츠 2세(Rákóczi Ferenc II, 1676~1735)의 활동으로 프랑스와 러시아의 궁정에 침투할 수 있었다. 라코치 페렌츠 2세는 토카이 와인의 매력에 힘입어 프랑스 왕과 러시아 황제의 지원을 얻고자 했다.

대튀르크 전쟁에서 승리를 거둔 오스트리아의 합스부르크 왕조는 헝가리 전역을 차지했다. 그러나 헝가리 내부에는 여전히 합스부르크 왕조에 반대하는 뚜렷한 움직임이 있었다. 헝가리 최고 귀족 라코치 가문의 당주 페렌츠 2세가 그 중심에 있었다. 그는 합스부르크 왕조를 상대로 전쟁을 벌이면서 독립 헝가리 왕국의 군주를 자처했다. 1703년 이후의 상황이다.

이 과정에서 페렌츠 2세는 줄곧 합스부르크 가문과 격렬히 대립하던 프랑스 왕 루이 14세에게 의지했다. 페렌츠 2세는 루이 14세를 아군으로 끌어들이고자 그에게 토카이 와인을 진상했다. 토카이의 고혹적인 매력이 루이 14세의 마음을 봄눈처럼 녹이리라 기대했기 때문이다. 페렌츠 2세의 의도대로, 루이 14세는 단숨에 토카이 와인의 포로가 되었다. 루이 14세는 토카이 와인을 "와인의 왕이며 왕의 와인"이라고 극찬했다. 그뿐만 아니라 루이 14세의 증손자로 왕위를 이어받은 루이 15세 역시 그와 비슷한 말을 했다. 토카이 와인에 푹 빠진 루이 14세는 합스부르크 왕조에 맞선다는 공통 목적이 있어 라코치 가문과 협정을 맺었다.

라코치 가문에 드디어 일생일대의 기회가 찾아왔다. 18세기 초반, 프랑스가 영국과 오스트리아, 네덜란드를 상대로 스페인 왕위 계승 전쟁(1701~1714년)을 벌인 것이다. 프랑스는 라코치 가문을 동원해 오스트리아의 배후를 공격한다는 작전을 짰고, 페렌츠 2세도 여기에 동의했다.

전쟁 초반에는 라코치 가문이 대오스트리아 전투에서 승기를 잡았다. 그러나 프랑스군이 블레넘 전투(Battle of Blenheim)에서 패배하면서 차츰 라코치 가문이 열세로 기울었다. 그러자 페렌츠 2세는 러시아로 건너가 표트르 1세의 지지 약속을 받아냈다. 이때도 토카이 와인이 표트르 1세를 설득하는 데 한몫했다. 표트르 1세 역시 루이 14세처럼 토카이 와인에 매료되었다.

그러나 러시아가 전면에 등장할 기회는 오지 않았고, 페렌츠 2세는 패배자로 전락해 유럽 전역을 방랑자처럼 떠돌며 망명 생활을 했다. 그는 헝가리로 돌아오지 못하고 망명지에서 객사하는 비참한 최후를 맞았다.

결국 토카이 와인은 헝가리를 수중에 넣은 오스트리아의 합스부르크 왕조를 상징하는 와인으로 자리매김했다. 합스부르크 왕조 붕괴 이후 토카이 와인을 기다린 것은 다름 아닌 20세기 초반의 공산주의 시대였다. 이때 토카이 와인의 명성은 크게 흔들리고 추락했다.

라코치 가문의 페렌츠 2세는 헝가리의 영웅이라고는 해도 세계사 관점에서 보면 사실 무명에 가까운 인물이다. 그럼에도 이 가문은 클래식 음악에 세계사적으로 뚜렷한 발자취를 남겼다. 프랑스의 낭만주의 작곡가 엑토르 베를리오즈(Hector Berlioz)가 작곡한 전설극(légende dramatique) 〈파우스트의 겁벌(劫罰)〉에는 흔히 '헝가리 행진곡'으로 알려진 〈라코치 행진곡(Rakoczi march)〉이 들어 있다. 페렌츠 2세가 평소 즐겨 듣던 민요를 바탕으로 만든 이 곡은 지금도 단독으로 자주 연주될 만큼 전 세계적으로 널리 사랑받고 있다.

## 18세기, 프랑스 와인 세계의 패러다임을 바꿔놓은 와인 입시세

중세 시대 후반인 18세기 무렵, 유럽에서 와인은 비로소 대중에게까지 널리 보급되기 시작했다. 당시에는 일반 대중도 누구나 어렵지 않게 와인을 마실 수 있었다. 평민들은 값싸고 질 낮은 와인을 마셨으나, 와인으로 인한 취기 덕분에 고된 일상을 견뎌낼 수 있었다. 1780년부터 1785년에 걸쳐 파리 시민들은 1인당 연간 122리터의 와인과 9리터의 맥주를 마셨다고 한다. 현재 프랑스의 1인당 와인 소비량이 40리터 수준인 점을 고려하면 엄청난 양이 아닐 수 없다. 18세기 프랑스에서는 사람들이 와인을 물 대용 음료로 여겼다.

당시 파리에서는 카바레(Cabaret)나 카페 같은 곳에서 와인을 판매했다. 오늘날에는 카바레를 '야한 춤을 추는 공연 서비스를 제공하는 술집' 정도로 알고 있는 사람이 많은데, 원래 카바레는 피카디리 지방 방언으로 '작은 방'이라는 의미다. 파리의 카바레에서는 문 위에 작은 나뭇가지를 걸어 와인 판매점임을 표시했고, 카운터에 서서 와인을 마실 수 있었다. 놀랍게도, 그 시절에 이미 '테이크아웃'이 가능해 카바레나 카페에서 와인을 사다가 집에서 마실 수도 있었다.

이렇듯 와인이 대중의 일상 속으로 깊이 파고들던 시대에 와인은 궁정의 재원, 즉 확실한 돈줄이 되어주었다. 파리에서는 시내로 반입하는 와인에 '입시세(入市稅)'라는 세금을 부과하기 시작했다. 원래 15세기 무렵인 백년전쟁 시기부터 재건 재원으로 입시세를 부과했는데, 이 세금이 슬금슬금 인상되었다.

납세자에게는 짜증스러울 수밖에 없는 이 세금은 와인 가격이 아니라 양에 따라 부과되었다. 그런 까닭에 값이 저렴한 와인일수록 세금이 천정부지로 올라갈 수밖에 없었다. 실제로 입시세를 적용받아 파리로 들어오는 저렴한 와인 가격은 이 정책이 시행되기 전보다 세 배나 올랐다.

파리 시민들은 입시세에 치를 떨었다. 그야말로 배보다 배꼽이 커지는 이런 상황을 참다못한 누군가가 나섰다. 그는 도시 외곽에 '겡게트(Guinguette)'라는 이름의 카바레를 열었는데, 이곳에서는 누구나 입시세가 부과되지 않은 저렴한 가격의 와인을 마실 수 있었다.

겡게트는 17세기 중반에 일어난 프롱드의 난(La Fronde)이 직접적인 계기가 되었다. 당시 30년 전쟁을 거치며 유럽 대국으로 떠오른 프랑스는 루이 13세(Louis XIII, 재위 1610~1643) 시대의 추기경 리슐리외(Armand Jean du Plessis, cardinal-duc de Richelieu et de Fronsa)가 추진한 중앙집권 정책과 증세 정책으로 대중의 불만이 팽배했다. 루이 13세가 세상을 떠나고 어린 루이 14세(Louis XIV, 재위 1643~1715)가 즉위하면서 민중 반란이 일어났다. 참고로, '프롱드'란 당시 정권 비판용으로 돌팔매질할 때 사용하던 투석기(pachinko)를 의미한다.

부르봉 왕조는 프롱드의 난을 성공적으로 진압했으나 재정이 바닥나는 바람에 궁핍해지고 피폐해졌다. 그 탓에 와인 입시세율을 인상할 수밖에 없었는데, 이에 대항하듯 파리 교외에 겡게트가 생겨났다. 파리 시민들은 시외로 나가 겡게트에서 입시세가 부과되지 않은 와인을 즐겨 마셨다.

여기에 더해 파리로 와인을 들여와 암시장에서 유통하는 행위도 끊이지 않았다. 파리 시민들은 어떻게 하면 세금을 덜 내고 와인을 마실 수 있을지 온갖 지혜를 짜낼 정도로 입시세를 기피하고 혐오했다. 그러나 부르봉 왕조 입장에서 입시세는 도저히 포기할 수 없는 달콤한 세원이었다. 그러므로 입시세 탈세는 용납되지 않는 불경한 범법 행위로 받아들여졌다. 1784년 무렵부터 징세 청구인들은 성벽을 건설하기 시작했다. 이 또한 파리 시민들의 분통을 터뜨렸다.

다른 한편으로 파리 주변 포도밭에 뚜렷한 변화의 조짐이 나타났다. 파리 주변은 본래 포도 명산지로, 한때 부르고뉴와 맞먹는 명품 와인을 생산했다. 그런데 파리 시민의 수요가 점점 증가하자 물 들어올 때 노 저어야 한다고 여긴 파리 주변 생산자들이 값싼 와인을 대량 생산해 공급하기 시작했다.

수요가 폭발적으로 증가하며 파리 주변에서는 포도밭 면적이 큰 폭으로 늘어났다. 그 과정에서 상대적으로 수확량이 많은 그로 가메(Gros Gamay) 품종이 기존의 샤르도네 품종과 피노누아 품종을 대체했다. 가메 품종의 와인은 품질이 조악했으나 대량 생산이 가능하다는 장점이 있었다. 엎친 데 덮친 격으로, 당시 구에(Gouais)라는 이름의 맛이 형편없는 포도까지 재배되기 시작했다.

이렇듯 파리 주변은 질 낮은 와인 생산지로 변화했다. 그러나 철도 시대의 막이 올라 값이 싸고 질 좋은 와인이 파리 시내로 유입되면서 경쟁력을 잃어 결국 주요 와인 생산지에서 탈락했다.

World History of
WINE

⑤

# 프랑스혁명의 기폭제가 된 와인 입시세

**와인이 프랑스 혁명을 이끌었다는데?!**

대다수 사람이 프랑스 혁명은 1789년 7월 14일 바스티유 감옥 습격 사건으로 시작됐다고 알고 있다. 그러나 혁명의 불길은 그보다 이른 시점에 지펴졌다. 당시 민중의 습격 사건은 바스티유 감옥 외에도 프랑스 여러 지역에서 산발적으로 발생했다.

프랑스 혁명에 참여한 민중은 여러 지역의 입시세를 징수하는 성문을 습격 대상으로 삼았다. 당시 민중은 입시세 징수소가 설치된 성문 세관을 공격하고 때려 부수었다. 파리 시내로 들어오는 와인에 높은 세금을 부과한 입시세의 과도한 세율이 파리 시민이 지닌 분노의 불길에 기름을 끼얹었다. 1789년 6월에 일어난 입시세 징수소 습격 사건은 일파만파로 확대되었고, 일주일 동안 지속되었다.

바스티유 감옥 습격 사흘 전인 7월 11일 이후 대중은 눈에 띄게 과격해졌다. 파리 시내의 카바레 경영자들은 시민들에게 값싼 가격에 와인을 판매하며 선동했다. 이런 분위기 속에서 카바레 경영자도 시민도 모두 와인에 부과되는 세금을 더는 참을 수 없는 지경에 이르렀다. 이때 그들이 목이 터져라 외친 구호는 "3수 와인 만세! 12수 와인을 타도하자!"였다.

습격에 나선 파리 시민들은 와인을 약탈해 서로 나눠 마시며 얼큰하게 취한 상태로 연대감을 키웠다. 그리고 그 기세가 14일 바스티유 감옥 습격 사건으로 이어졌다.

프랑스 혁명의 원인은 앙시앵 레짐(Ancien Régime, 구체제)을 더는 유지할 수 없게 된 상황에서 식량 부족이라는 불길에 기름을 끼얹는 경제적 요인이 더해지며 발생했다고 알려져 있다. 물론 일리 있는 주장이지만, 직접적인 동기는 와인이 제공한 셈이었다. 파리 시민들은 와인값의 두세 배나 되는 세금이 부과되는 상황을 더는 참을 수 없었다. 시민들은 자신들이 마실 엄두도 내지 못하는 명품 와인을 왕과 귀족들이 물 마시듯 마시는 상황을 소문으로 들어서 알고 있었다. 따라서 시민들은 '와인 평등'을 추구하며 와인에 부과된 세금 철폐를 목청껏 외쳤다.

와인에 함유된 타닌 성분은 사람을 이성적으로 만들어주고 평등심을 고취하는 미묘한 효능을 지녔다. 그와 더불어 와인의 알코올은 사람 사이에 활기를 불어넣어주고, 연대감을 키워주며, 과격한 언동을 하도록 부추긴다. 이런 맥락에서 민중을 이끄는 자유의 여신 그림처럼 프랑스 혁명은 와인이 이끌었다고 해도 무리가 없지 않을까.

프랑스 혁명은 시민들에게 '와인 낙원'을 만들어주는 데 실패했다. 혁명 정부 역시 만만치 않은 액수의 세금을 요구했을 뿐 아니라 세관 사무소도 재건되었다. 혁명 정부는 와인에 취한 시민들의 습격 사건을 혁명의 숭고한 이념에 반하는 불경한 행위로 간주했다. 이런 맥락에서 프랑스 혁명은 와인 입시세를 징수하는 성문 습격이 아니라 정치범이 수감된 바스티유 감옥 습격 사건에서 시작되었다는 이야기로 바뀌어 전해졌을 개연성이 높다.

와인 입시세는 프랑스 혁명이 끝난 1791년에 폐지되었으나 1798년에 부활한 뒤 제2차 세계대전 이후에야 사라졌다.

## 부르고뉴의 로마네콩티 포도밭 몰수 임무를 수행한 군인이 나폴레옹이었다고?

1789년에 시작된 혁명은 프랑스 전역에서 내전으로 비화했고, 혁명 정부는 갈수록 과격해졌다. 프랑스 각지에 몰아닥친 혁명의 불길은 마치 산불이 옆 산으로 번지듯 부르고뉴 지방에까지 영향을 미쳤다. 혁명의 광기는 부르고뉴의 모든 것을 황폐화시켰다. 부르고뉴의 클뤼니 수도원도 습격 대상이 되어 철저히 파괴되었고, 클뤼니 수도원과 시토회 수도원이 개간하고 소유한 포도밭은 모조리 국가에 압수당했다.

클뤼니 수도원과 시토회 수도원은 그때까지 부르고뉴 와인 문화를 만들어내고 유지해온 주역이었다. 그런데 혁명 당시 와인 문화의 중심에 있던 수도원들이 민중의 타도 대상이 된 이유는 단순하다. 프랑스 혁명의 본질이 가톨릭 반대에 있었기 때문이다.

혁명이 발발하기 전, 앙시앵 레짐에서 성직자는 제1신분으로, 귀족은 제2신분으로 규정되어 왕과 함께 무소불위의 특권을 누렸다. 혁명은 그들이 유지해온 특권을 용납하지 않았으며, 성직자와 귀족의 자산은 몰수되었다.

부르고뉴 수도원과 교회도 예외는 아니었다. 파리에서 파견된 혁명 정부 관계자들은 이곳의 포도밭을 몰수했다. 시토회가 소중하게 가꾼 클로 드 부조도 콩티 공 소유였던 로마네 포도밭도 국가로 소유권이 넘어갔다. 당시 포도밭 몰수 임무를 맡은 사람 중에 젊은 나폴레옹 보나파르트(Napoléon Bonaparte, 1769~1821, 나폴레옹 1세)도 있었다.

국가가 몰수한 포도밭은 경매에 부쳐졌다. 그중 유명한 포도밭은 대부분 신흥 부르주아의 손에 넘어갔다. 자금력이 부족한 농민들은 상대적으로 등급이 떨어지는 2급 포도밭을 사거나, 십시일반 모은 돈으로 유명한 밭을 낙찰받아 소유권을 쪼개 나눠 가졌다.

혁명의 불길이 사그라든 후 나폴레옹 보나파르트가 등장해 프랑스 민법전을 대대적으로 정비했다. 그 후 이 민법전은 『나폴레옹 법전』으로 불렸다. 부르고뉴에도 이때 정비된 새로운 법률이 적용되었다. 이 법전에는 포도밭 소유주가 사망하면 그 포도밭을 자손들에게 균등하게 상속해야 한다고 규정돼 있었다. 이렇게 균등 상속이 반복적으로 이루어지면서 하나의 밭과 구획이 조각조각 쪼개져 자투리 포도밭을 소유한 사람이 많아졌다. 이 일련의 흐름이 부르고뉴의 풍경을 만들었다.

오늘날 부르고뉴의 밭과 구획은 수많은 생산자로 세분화되어 있다. 시토회가 돌본 클로 드 부조에만 100여 명의 소유자가 있을 정도다. 그런데 소유권보다 우선시하는 것이 생산자의 역량이다. 양조장을 소유한 생산자의 역량 차이로 부르고뉴에서는 분명 같은 밭에서 수확한 포도로 담갔는데, 생산자에 따라 와인 맛이 천차만별이었다. 부르고뉴 와인에 '뽑기 운'이 크게 작용한다는 사실은 와인을 마시는 사람들 사이에서 하나의 상식처럼 자리 잡았다.

프랑스 혁명과 나폴레옹이 일으킨 폭풍은 부르고뉴 이외 지역도 단숨에 휩쓸고 지나갔다. 독일에서는 라인가우의 중심이었던 에베르바흐 수도원 포도밭이 몰수되었다. 보르도 지방에서는 마르고와 오브리옹, 라피트 소유자들이 혁명 세력에 의해 처형되었다. 그나마 천만다행으로 보르도의 밭은 부르고뉴처럼 소유권이 난도질당하지는 않았다. 보르도와 인연이 깊은 영국의 입김이 작용해 법인화와 유언으로 상속이 이루어진 결과, 포도밭은 소유주가 바뀌어도 조각조각 쪼개지지 않고 원형을 유지할 수 있었기 때문이다.

## 나폴레옹은 정말로 샹베르탱을 사랑했을까

프랑스 혁명과 나폴레옹 보나파르트의 등장은 부르고뉴의 풍경과 문화를 극적으로 바꿔놓았다. 나폴레옹은 부르고뉴 와인과 떼려야 뗄 수 없는 관계를 맺으며 얼키설키 뒤얽혀 있었다.

나폴레옹은 부르고뉴 지방에서 생산된 와인 샹베르탱을 평소에 즐겨 마셨다는 이야기가 오늘날까지 전해진다. 당시 그가 원정지에서도 샹베르탱을 항상 곁에 두고 마셨다는 이야기가 풍문으로 돌았다. '희대의 영웅이자 절대 권력을 가진 황제에게 사랑받은 와인'이라는 이야기는 샹베르탱의 명성을 높여주었다. 이런 우호적인 분위기 속에서 샹베르탱은 부르고뉴를 대표하는 와인으로 자리 잡았다.

나폴레옹이 샹베르탱을 즐겨 마셨다는 주장의 진위를 가려보자. 결론적으로 말하자면, 이 주장의 진위는 의심스럽다. 왜냐하면 나폴레옹은 술을 입에도 못 대는 사람이었고, 미식을 즐길 줄 모르는 입맛이었다고 알려졌기 때문이다. 그는 오로지 전쟁과 정복, 여색을 즐겼을 뿐 다른 즐거움을 알지 못했다. 이런 맥락에서 볼 때 원정에 몰두하던 나폴레옹이 가끔 와인 몇 모금으로 입을 축였을 수는 있어도 애인처럼 곁에 두고 즐겨 마셨을 리는 없지 않을까. 게다가 이따금 마신 그 몇 모금의 와인조차 현지에서 조달한 평범한 와인이었을 가능성이 크다. 다시 말해, 나폴레옹은 굳이 샹베르탱 와인을 특별히 공수해서 마실 정도로 열정적인 애호가가 아니었을 거라는 얘기다. 뒤에서 자세히 살펴보겠지만, 나폴레옹은 샹베르탱 와인보다 샴페인에 훨씬 관심과 애정이 많았다.

나폴레옹 보나파르트가 샹베르탱을 즐겨 마셨다는 전설 같은 이야기는 어떻게 만들어지고 퍼져나갔을까? 이는 나폴레옹이 부르고뉴와 인연이 깊다는 객관적 사실을 기반으로 꾸며졌을 가능성이 크다. 프랑스 혁명 기간에 나폴레옹은 시토회 수도회에서 클로 드 부조를 비롯한 포도밭을 몰수하는 임무에 관여했다. 이런 맥락에서, 업무차 부르고뉴를 찾은 젊은 날의 나폴레옹과 황제가 된 후의 나폴레옹을 억지로 연결하는 과정에서 나폴레옹의 샹베르탱 이야기가 만들어지지 않았을까 추정된다. 그리고 어쩌면 황제 나폴레옹 측근 신하 중에 샹베르탱을 즐겨 마시는 자가 있어 엄청난 권위를 가진 황제의 이름을 빌려 이 와인을 조달했을 가능성도 있다.

샹베르탱은 나폴레옹이 역사의 무대에 본격적으로 등장할 당시 이미 고급 와인으로 널리 알려져 있었다. 샹베르탱은 베르탱(Bertin)이라는 농부의 이름에서 유래했는데, 그가 경작한 포도밭이 '샹베르탱 밭'이었다. 베르탱은 그 땅의 가능성을 발견하고 개간해서 포도나무를 심고 포도를 수확해 와인을 양조했는데, 그의 예상대로 짧은 기간에 명품 와인의 반열에 올랐다. 그 후 사람들은 그 밭을 자연스럽게 '샹 드 베르탱('베르탱의 밭'이라는 의미)'이라고 부르기 시작했는데, 훗날 그 이름이 '샹베르탱'으로 굳어졌다.

와인을 처음 공부하는 사람들을 헷갈리게 하는 정보가 있다. '샹베르탱 클로 드 베즈'라는 포도밭 명칭이 그것이다. 공교롭게도 샹베르탱 포도밭 옆에 비슷한 이름의 샹베르탱 클로 드 베즈가 있어 혼동을 불러일으키기 쉽다. 두 포도밭은 같은 등급인데,

사실 샹베르탱 클로 드 베즈가 좀 더 유서 깊다. 앞에 '샹베르탱' 이 붙기 전에는 '클로 드 베즈'로 불렸다. 이는 베즈 수도원 소유로, 품질 좋은 와인을 꾸준히 생산해온 와이너리였다.

농부 베르탱은 '클로 드 베즈'에서 뛰어난 품질의 와인이 양조된다는 정보를 귀동냥으로 들은 후 클로 드 베즈 부근의 길쭉한 모양의 샹베르탱 밭을 사들여 자기 포도밭과 와이너리의 명성을 높였다. 그리고 이후 클로 드 베즈 역시 '샹베르탱 클로 드 베즈' 라는 이름으로 불리게 되었다.

### 나폴레옹이 가장 사랑했던 술은 샴페인이었다?

샹베르탱과 관련하여 전설 같은 이야기가 전해지는 황제 나폴레옹은 실제로 샹베르탱을 즐겨 마시지 않았을 가능성이 높다. 나폴레옹은 샴페인에 특별한 관심을 보였다. 나폴레옹이 등장하기 이전 혁명 정부의 정치인들 역시 샴페인을 좋아한 덕분에 샹파뉴 지방은 혁명의 광풍에서 벗어날 수 있었다. 프랑스 혁명의 본질은 당대 엄청난 기득권 세력이었던 가톨릭을 말살하는 데 있었기에 샹파뉴 지방에서도 많은 성직자가 박해받았으나, 운 좋게도 적지 않은 샴페인 생산자는 목숨을 부지할 수 있었다.

샴페인 생산자들은 나폴레옹 황제의 비호를 받았다. 나폴레옹은 정권을 잡은 뒤 국내 산업 진흥 방향을 잡아가던 단계에서 샹

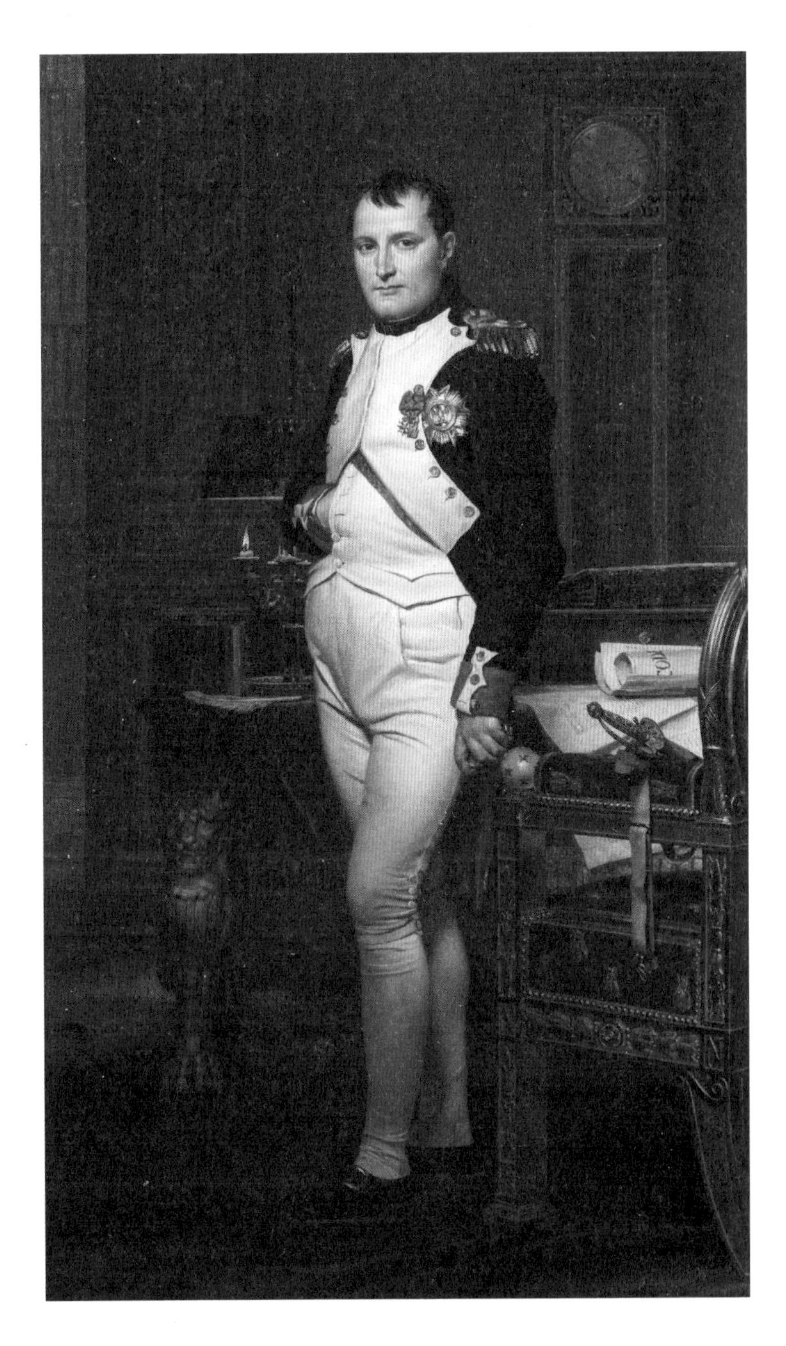

자크 루이 다비드, 〈튀일리궁 서재의 나폴레옹 황제〉, 1812년, 캔버스에 유채, 203.9×125.1cm, 런던 내셔널갤러리

파뉴 지방을 하나의 중요한 축으로 보았다. 그리고 나폴레옹의 대외 정복 활동 이후 승리를 축하하는 자리에는 샴페인이 빠지지 않고 등장했다.

나폴레옹은 샹파뉴 지방의 에페르네(Épernay) 시장 장레미 모엣(Jean-Rémy Moët, 현재 세계 최대 샴페인 회사인 모엣 샹동Moet & Chandon 경영진의 선조)과 친분이 있어 이따금 에페르네에 들렀다. 모엣은 나폴레옹 숙박 전용 저택을 짓고 황제를 극진히 대접했다. 몰락의 길로 접어들었을 때 그는 모엣에게 직접 레지옹 도뇌르 훈장(Ordre national de la Légion d'honneur)을 달아주며 아쉬운 이별을 고했다고 한다.

당대에 나폴레옹 황제는 어마어마한 광고 효과를 자랑하는 샴페인 광고 모델이나 다름없는 존재였다. 이를 증명이라도 하듯, 실제로 나폴레옹군이 가는 곳마다 샴페인 생산자들이 따라가며 판로를 개척했다.

나폴레옹은 러시아, 프로이센을 격파하고 틸지트 조약(Traités de Tilsit)을 체결했다. 1807년의 일이다. 그 후 프랑스는 러시아와 한동안 우호 관계를 유지했다. 그런 분위기 속에서 프랑스는 러시아에 많은 양의 샴페인을 수출했고, 러시아 귀족들은 단숨에 샴페인의 포로가 되었다. 이후 러시아는 1917년 러시아 혁명이 발발할 때까지 샴페인을 대량으로 사들이는 큰손 중 하나였다.

나폴레옹 황제가 과연 샴페인을 즐겨 마셨는지는 정확히 알 수 없다. 다만 프랑스라는 국가를 위해 샹베르탱 와인보다 샴페인을 중시했을 가능성은 있다.

## 최고급 샴페인을 무기로 절체절명의 위기에 빠진 프랑스를 구해낸 탁월한 외교가 탈레랑

샴페인은 프랑스를 멸망의 위기에서 구해냈다고 해도 지나치지 않다. 나폴레옹은 러시아 원정에서 실패한 후 라이프치히 전투(Battle of Leipzig), 워털루 전투(Battle of Waterloo)에서 연이어 패배하면서 몰락의 길로 접어들었다. 1812년 무렵의 상황이다. 이후 프랑스의 수도 파리에 러시아군이 입성했는데, 얼마 후 그들은 모두 샴페인을 바리바리 싸 들고 돌아갔다.

나폴레옹이 몰락한 뒤 프랑스의 운명은 빈 회의(dear Wiener Kongress)에서 결정되었다. 1814년의 일이다. 빈 회의에는 오스트리아의 재상 메테르니히를 중심으로 러시아 황제 알렉산드르 1세, 영국 외무장관 캐슬레이 자작 로버트 스튜어트(Robert Stewart), 프로이센 재상 카를 아우구스트 폰 하르덴베르크(Karl August von Hardenberg)가 참석했다.

패전국인 프랑스 측 대표로 참석한 샤를 모리스 드 탈레랑(Charles Maurice de Talleyrand)은 참관인 자격이어서 발언권조차 없었다. 회담 결과, 프랑스는 자국의 영토를 할양하고 분할될 위기에 처했다. 그런데 놀랍게도 회의가 진행되면서 참석자들의 프랑스에 대한 적대감이 봄눈 녹듯 사그라들다가 흔적도 없이 사라졌다. 그 결과, 프랑스 부르봉 가문의 왕정복고가 인정되었으며, 영토도 상실하지 않았다.

**지도 10**

**샹파뉴 와인 명산지**

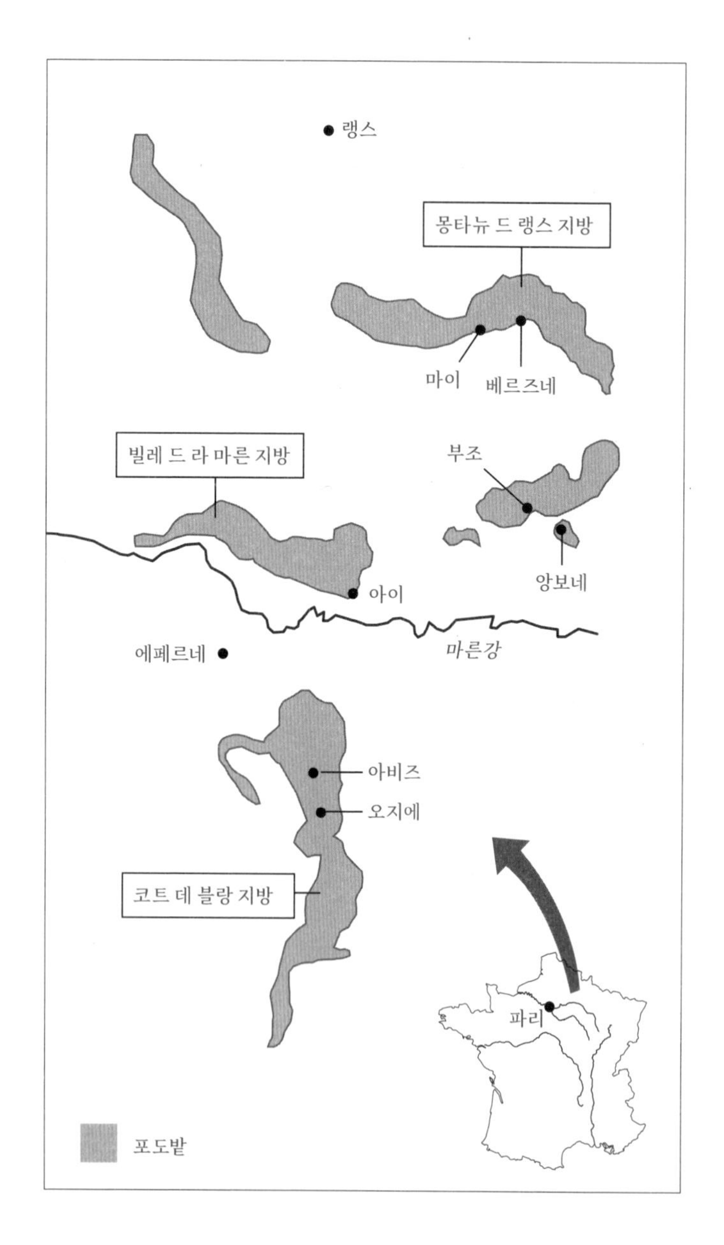

어떻게 이런 기적 같은 일이 가능했을까? 이는 탈레랑의 탁월한 미식 외교와 샴페인의 숨은 매력 덕분이었다. 고도의 수완가인 탈레랑은 마리앙투안 카렘(Marie-Antoine Carême)이라는 요리사를 파리에서 긴급 초빙해 만찬을 준비하고 샴페인을 대량 공수했다. 그런 다음, 자신이 머물던 카우니츠 궁전(Palais Kaunitz-Wittgenstein)으로 빈 회의 참석자들을 초청해 최고 요리와 최고급 샴페인을 대접했다.

프랑스 요리의 맛은 탁월했고, 최고 품질의 샴페인은 회의 참석자들을 매료시켰다. 연회에 참석한 여러 강대국의 영향력 있는 인사들은 기분 좋게 취기가 올랐다. 샴페인은 '경사스러운 자리에서 마시는 술'이라는 인식이 있듯 사람을 행복한 기분으로 이끌어주는 마력을 지니고 있다. 그런 분위기에서는 공격적이거나 적대적인 기분이 자연스럽게 완화되며, 오히려 우애가 싹트기 마련이다. 훌륭한 맛과 향을 내는 최고 요리와 최상품 와인이 어우러진 연회는 빈 회의 참석자들의 마음을 녹였고, 프랑스를 절체절명의 위기에서 구해냈다.

## 독일 와인을 세계 명품 수준으로 끌어올린 인물, 오스트리아 재상 메테르니히

빈 회의를 주도한 오스트리아의 재상 메테르니히는 어떤 인물이었을까? 오늘날 그에 대한 사람들의 평가는 그리 후하지 않다. 그는 프랑스 혁명이 무너뜨린 앙시앵 레짐, 즉 구체제 부활을 꿈꾸며 혁명 이념과 목적을 부정함으로써 세계사의 시계를 거꾸로 돌려놓은 장본인이기 때문이다. 메테르니히는 네덜란드처럼 공화제를 유지하는 나라에도 왕정복고를 강요할 정도로 보수적이며 비민주적인 인물이었다.

와인 문화, 특히 독일 와인 문화 관점에서만 보면 메테르니히는 위대한 공로자로 칭송받기에 부족함이 없다. 그의 노력에 힘입어 와인이 본격적으로 대중화와 브랜드화에 성공했기 때문이다. 그러고 보면 메테르니히만큼 입체적인 인물도 드물지 않을까.

흥미롭게도, 오스트리아 재상 메테르니히는 오스트리아 출신이 아니다. 그는 독일 라인강 유역의 도시 코블렌츠(Koblenz) 출신이다. 메테르니히는 라인강 유역의 화이트와인을 유독 사랑했다. 자기 고향인 이 지역이 라인강 유역 포도밭 지대의 일부를 담당했기에 어쩌면 당연한 일이었다.

메테르니히는 빈 회의를 성공적으로 이끈 공을 인정받아 합스부르크 가문의 오스트리아 황제 프란츠 1세에게 라인가우의 슐로스 요하니스베르크를 하사받았다. 이 지역은 카롤루스 대제 이후 와인 명산지로 이름이 높았다. 독일 출신 메테르니히가 슐로스 요하니스베르크의 명품 와인을 생산하는 와이너리를 소유하고 싶어 한 데는 그런 속사정이 있었다. 아무튼, 이런 상황에서 이 지역 와인 생산량의 10퍼센트가 메테르니히의 몫이 되었다.

메테르니히는 슐로스 요하니스베르크를 독일이 자랑하는 명품 와인으로 만들기 위해 자타 공인 최고의 숙련공을 고용해 양조를 맡겼다. 그다음 단계로, 본격적인 와인 브랜드화 작업에 발 벗고 나섰다. 메테르니히가 주도한 와인 브랜드화는 와인을 품질에 따라 나누고, 그 차이를 구체적으로 라벨에 표시하는 제도였다. 이 제도 덕분에 메테르니히 시대에 독일 와인의 품질이 비약적으로 향상되었다. 또한 수확 시기를 세분화해 다채로운 맛의 와인을 생산하는 것도 가능해졌다.

요하니스베르크에서는 수확 시기를 늦춘 슈페틀레제라는 고품질 와인을 양조하는 수준에서 그치지 않았다. 슈페틀레제보다 등장 시기는 약간 늦지만, 한 단계 더 까다롭게 엄선된 초완숙 포도만 사용하는 아우슬레제도 생산되었다.

메테르니히는 와인 품질에 따른 차이를 라벨과 병 봉인용 밀랍 색상으로 표시하도록 했다. 또한 요하니스베르크 지역에서 병에 담는 와인에는 와인 저장고 관리 책임자가 사인한 라벨을 붙이도록 명령했다.

메테르니히가 주도한 브랜드화를 다른 독일 와인 생산자들도 앞서거니 뒤서거니 모방하며 본격적인 와인 브랜드화가 이루어졌다. 참고로, 프랑스 메독 지구에서 등급제가 발표되고 보르도 와인 브랜드화가 시동을 건 시기는 이보다 늦은 19세기 후반이었다. 메테르니히는 와인 대국 프랑스보다 먼저 브랜드화를 이끈, 시대를 앞서가는 혜안을 가진 와인 세계의 선구자라 할 만하다.

World History of
WINE

⑥

# 프랑스 와인을 세계 최고 반열에 올려놓은 나폴레옹 3세

### 작가 빅토르 위고가 제안한 와인 입시세 폐지안이 의회 표결을 거쳐 통과되다

프랑스 수도 파리에서 2월 혁명이 발발했다. 1848년의 일이다. 2월 혁명의 여파로 오를레앙 가문의 국왕 루이 필리프 1세(Louis Philippe, 재위 1830~1848)는 영국으로 망명했으며 프랑스 왕정은 무너졌다. 파리에서는 임시 정부가 수립되어 제2공화국이 출범했다.

2월 혁명은 역사적으로 피할 수 없는 운명과도 같은 사건이었다. 당시 중소 자본가와 노동자는 나름대로 역량을 갖추었음에도 정치에 참여할 권리를 획득하지 못했다. 그들의 쌓일 대로 쌓인 울분이 봇물 터지듯 터져나오며 단숨에 왕정 타도의 기치를 내건 뚜렷한 움직임을 만들어냈다. 성난 파도와 같은 혁명의 물결 속에는 급진적인 공화주의 사상과 사회주의 사상이 한데 뒤엉켜 있었다.

와인은 파리 2월 혁명을 뒷받침해준 또 하나의 주요한 요소였다. 1789년 프랑스 혁명 당시 파리 시민들은 와인 입시세에 강한 불만을 표출했다. 와인 입시세에 대한 대중의 분노는 혁명의 불길에 기름을 끼얹었고, 입시세 징수소 습격에서 바스티유 감옥 습격 등 굵직한 사건으로 이어졌다. 이 같은 구도가 파리 2월 혁명에서도 전개되었다.

1789년 프랑스 혁명 이후 한때 폐지되었던 와인 입시세가 부활했다. 파리 시민들의 불만은 밑 닫힌 독에 엽전 쌓이듯 쌓여갔고, 루이 필리프 1세의 왕정이 더는 갈 곳 없는 막다른 길에 이르자 소요 사태로 폭발했다.

"혁명 만세! 와인 입시세를 타도하자!"

시위대는 한목소리로 구호를 외치며 왕정을 규탄했다.

2월 혁명 후 파리 시민들은 와인에 취한 듯 들뜬 분위기 속에서 연대감을 다졌다. 그리고 그들은 정치 투쟁의 길로 거침없이 나아갔다. 그 무렵 프랑스에서는 '개혁 연회'라는 이름의 파티가 큰 인기를 끌었다. 1847년 7월 이후 상황이다. 당시에는 대중 집회가 금지되었기에 연회를 빙자한 정부 반대 집회가 곳곳에서 벌어졌다. 시민들은 일정 금액의 참가비를 내고, 함께 와인을 마시며 정치적 열정을 불태웠다. 이 '개혁 연회'가 흥행에 성공하자 그 연장선에서 시민 연대가 만들어졌다. 이후 시위는 점점 더 과격한 양상을 띠었고, 브레이크가 고장 난 기관차처럼 2월 혁명 속으로 돌진했다.

이런 첨예한 상황 속에서도 제2공화정은 와인 입시세를 폐지하지 않았다. 이유가 뭘까? 공교롭게도, 그 시점에 황제 나폴레옹 3세(Charles Louis Napoléon Bonaparte, 루이 나폴레옹, 재위 1852~870)가 등장했기 때문이다. 프랑스 황제 나폴레옹 보나파르트의 조카인 루이 나폴레옹은 혁명 후 혼란의 도가니 속에서 대통령으로 선출된 이후 쿠데타를 일으켜 무소불위의 권력을 손에 쥐었다. 이는 1852년 12월 2일의 일이다. 그 이듬해 루이 나폴레옹은 국민투표를 거쳐 황제로 즉위했다.

의회에서는 작가 빅토르 위고(Victor Hugo)가 제안한 입시세 폐지안을 의원들의 표결을 거쳐 통과시켰다. 루이 나폴레옹의 쿠데타가 발발한 다음 날인 12월 3일의 일이다. 그럼에도 재원이 필요했기 때문에 나폴레옹 3세 시대에는 와인 입시세가 폐지되지 않았다.

빅토르 위고는 나폴레옹 3세가 새롭게 프랑스 정치권에 등장할 때부터 그를 독재자로 보았다. 위고는 망명지에서 나폴레옹 3세를 규탄하는 글을 열심히 썼다. 당시 그가 남긴 여러 글과 작품에는 와인 입시세 폐지 안건이 폐기되며 합리적인 비용으로 술 마실 권리를 박탈당해 생긴 울분과 스트레스가 어느 정도 녹아 있지 않을까.

## 시대를 한참 앞서간 나폴레옹 3세의 보르도·메독 지구 와인 등급제

오늘날 프랑스에서 나폴레옹 3세는 무능한 독재자로 인식된다. 훗날 나폴레옹 3세는 프로이센-프랑스 전쟁에서 패배했고, 프로이센군에게 잡혀 포로가 되었다는 오점이 불명예스럽고 수치스러운 이미지를 덧씌웠다. 그러나 나폴레옹 3세는 프랑스의 대외적 영향력을 강화하기 위해 노력했으며, 특히 프랑스 와인을 세계 최고 반열에 올려놓은 탁월한 마케팅 전문가라는 또 다른 얼굴을 지니고 있다.

나폴레옹 3세는 한때 지저분한 도시였던 파리를 대대적으로 개조해 오늘날의 화려하고 매력적인 도시로 탈바꿈시켰다. 좀 더 자세히 살펴보면, 나폴레옹 3세는 당시 센 지역 지사였던 조르주 외젠 오스만 남작(Baron Georges-Eugène Haussmann)에게 파리 대개조 프로젝트를 지시했다. 나폴레옹 3세가 파리를 오늘날의 화려하고 매력적인 도시로 변화시키는 과정에 결정적 역할을 한 것은 파리 만국박람회였다. 1858년의 일이다.

파리 만국박람회는 당대 프랑스 산업이 얼마나 고도로 발전했는지 전 세계에 보여주고, 프랑스산 농산물과 제품의 인지도와 판매력을 높이기 위한 무대였다. 당시 만국박람회장 출품 상품 중 하나로 선정된 것이 보르도 와인이었다. 보르도 와인의 파리 만국박람회 출품은 메독 지구 등급제로 이어졌다. 이 또한 1858년의 일이다.

당시 프랑스 정부가 만국박람회를 앞두고 메독 지구 등급제를 시행한 이유는 뭘까? 국내는 물론 전 세계에 보르도 와인을 소개하고 판매를 촉진하기 위해서였다. 보르도산 와인은 영국과 떼려야 뗄 수 없는 밀접한 관계를 맺으며 눈부신 성장과 발전을 이루었다. 그러다가 19세기에 들어서면서 파리에서도 인기를 끌기 시작했다. 그러나 그 당시 보르도 와인은 프랑스 국내에서도 인지도가 높지 않았다.

황제 나폴레옹 3세는 당시 보르도 와인의 낮은 인지도를 아쉬

워하고 안타까워했다. 여기에는 그럴 만한 개인적 사정이 있다. 나폴레옹 3세는 젊은 시절 오랫동안 영국에서 망명 생활을 했다. 당시 그는 잘 정비된 런던을 보며 언젠가 자신이 프랑스로 돌아가 권력을 잡게 되면 파리를 개조해 런던보다 매력적인 도시로 만들어야겠다고 결심했다. 그는 보르도 와인의 우수성을 전 세계에 널리 알리겠다는 목표도 세웠다.

나폴레옹 3세 관점에서 볼 때 당시 프랑스 내에는 아직 보르도 와인을 제대로 이해하고 평가하는 풍토가 형성돼 있지 않았다. 물론 세계적으로도 보르도 와인에 대한 이해가 부족한 상황이어서, 나폴레옹 3세는 보르도 와인을 대내외에 적극적으로 알리며 판매를 촉진하고 싶었다. 그는 보르도 와인을 홍보하기 위한 수단으로 와인 등급제를 실시했다.

와인 등급제란 기본적으로 소비자를 의식해 만들어진 제도다. 소비자가 어떤 와인을 구매해야 할지 몰라 망설일 때 얼마나 맛있는지, 얼마나 향이 좋은지 등을 상품마다 일목요연하게 등급을 매기면 원하는 상품을 합리적으로 선택하고 구매할 수 있어 유용하다.

오늘날 와인 세계에서는 '파커 포인트(Parker Point)'라는, 전문가가 매긴 평가 점수가 소비자에게 하나의 중요한 지표가 된다. 특히 가격대가 높은 와인을 살 때는 평가에 참고할 지표가 있으면 안심된다. 메독 지구에서 시작된 와인 등급제는 시대를 한참 앞서 이러한 소비자의 욕망을 정확하게 읽어냈다.

메독 지구의 등급제에서는 1등급부터 5등급까지 나뉘었다. 1등급 와인은 라피트, 라투르(현재의 샤토 라투르), 마고(현재의 샤토

마고), 오브리옹 등이었다. 오브리옹은 메독 지구가 아니라 페삭 레오냥 와인이지만, 특별한 예외를 인정받아 여기에 선정되었다.

당시 무통(Mouton, 현재의 샤토 무통 로칠드)은 1855년 평가에서 1등급을 획득하지 못해 울분을 삼켜야 했다. 1855년에 맨 처음 시행된 등급제는 이후 몇 번 재평가가 시도됐는데, 그중 단 1건만 변경되었다. 오로지 무통만 100년 이상 지난 1973년 2등급에서 1등급으로 승격되었다. 무통을 포함해 1등급 샤토는 다섯 개가 되어 오늘날 '5대 샤토'라고 불리게 되었다.

메독 지구 와인 등급제 효과는 엄청났다. 그 효과는 예상보다 빠르게 나타났다. 1858년 당시 시점에서 1등급 와인 견적 가격은 약 3,000프랑이었다. 그러다가 1863년에는 평균 3,900프랑으로 올랐고, 최고 가격은 5,600프랑으로 껑충 뛰었다. 등급제는 1등급 샤토에 대성공을 안겨었다.

5대 샤토의 명성은 오늘날에도 흔들림 없이 유지될 정도로 대단하다. 예나 지금이나 5대 샤토에서 생산된 와인을 원하는 사람들은 기꺼이 지갑을 연다. 5대 샤토가 명성이 높아질수록 보르도산 와인에는 엄청난 환상이 생겨났다. 결과적으로 보르도 와인의 가치를 세계적으로 끌어올린 1855년 등급제는 대성공을 거두었고, 세계에 보르도산 와인의 이름을 널리 알리는 결정적인 계기가 되었다.

내친김에 무통이 2등급에서 1등급으로 승격할 당시 이야기를 해보자. 이 사건도 보르도 와인의 명성을 높이는 결과로 이어졌다. "나는 1등은 될 수 없고, 2등은 나의 선택이 아니었기에 나는 무통일 수밖에 없다(First I can not be, second I do not choose to be,

지도11
보르도 명산지와 샤토

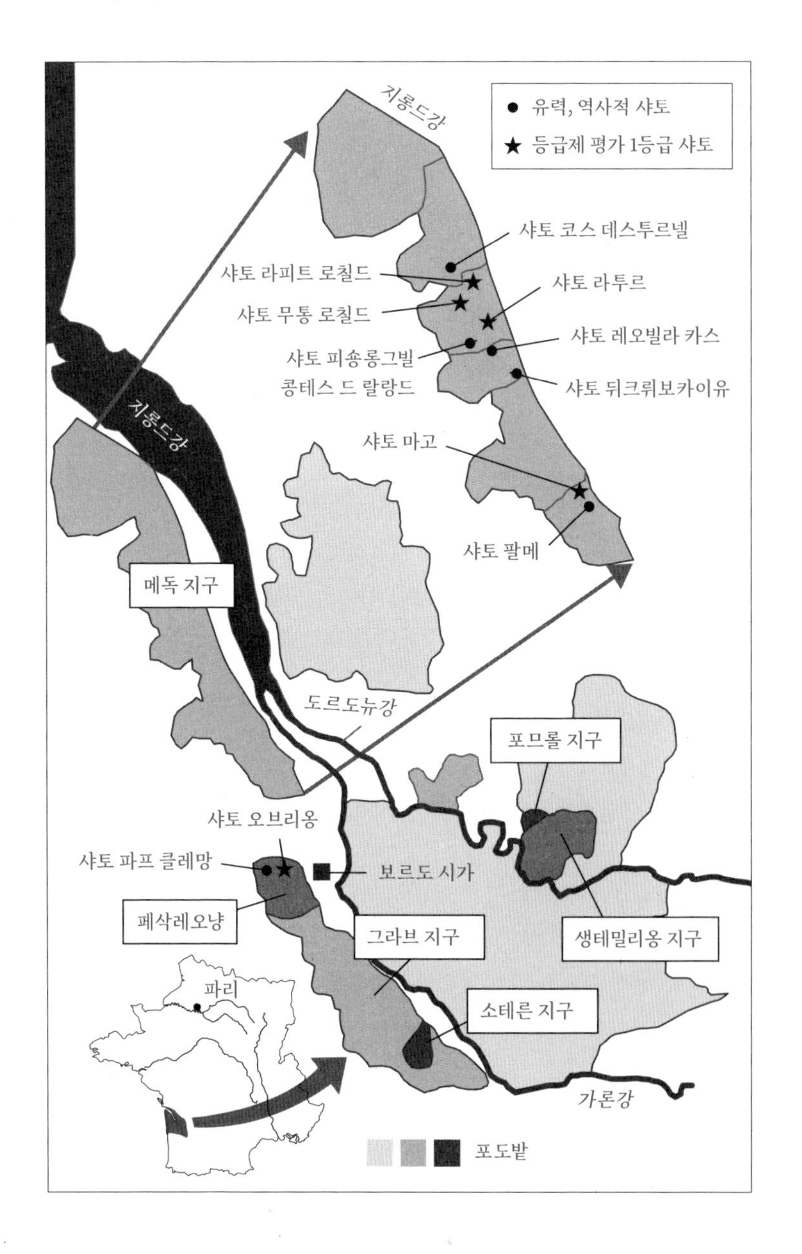

Mouton I am).” 무통이 1855년 등급 평가에서 1등급 자리를 놓치고 2등급에 머물렀을 때 절치부심하며 내건 문구다. 또 무통은 1등급으로 승격된 후 “나는 1등이다. 내가 2등이던 시절은 지나갔다. 무통이 1등이라는 사실에는 변함이 없다(First I am, Second I was, Mouton does not change)”라는 문구로 바꾸었다. 자사의 품질에 대한 당당한 태도와 자부심이 전 세계로 전해지면서 보르도

**샤토 무통 로칠드**

**피카소, 마티스, 샤갈 등의 라벨 그림으로 명성이 높아지다**

샤토 무통 로칠드는 메독 지구에 자리 잡은 ‘5대 샤토’ 중 하나다. 다른 네 개의 샤토 와인과 마찬가지로 유서 깊고, 향기로우며, 맛이 탁월한 와인으로 꼽힌다. 무통을 명품 와인 반열에 올려놓은 여러 요소 중 하나가 ‘라벨’이다. 매년 일류 화가들에게 의뢰해서 그린 라벨 그림을 병에 붙이기 때문에 빈티지마다 라벨이 달라진다. 피카소, 마티스, 샤갈 등의 내로라하는 화가들이 라벨 그림 작업에 참여해 마니아들 사이에서 수집 대상이 되기도 했다. 오늘날 무통 가격도 폭등해 일반인은 마실 엄두도 내지 못한다. 그 대신, 무통 소유주가 만든, 상대적으로 저렴한 ‘무통 카데(Mouton Cadet)’로 무통이 어떤 와인인지 상상하며 즐길 수 있다.

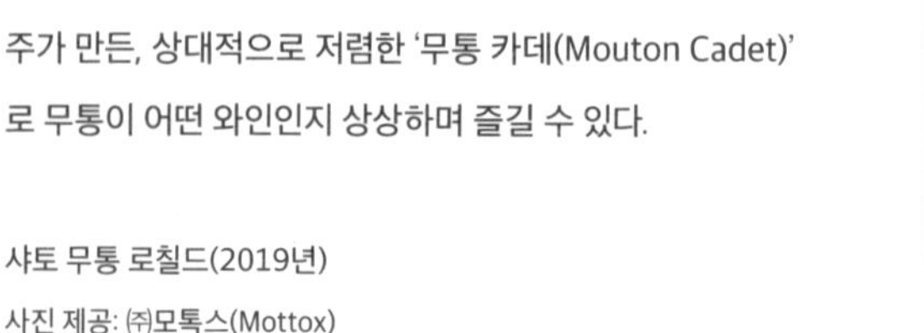

샤토 무통 로칠드(2019년)

사진 제공: ㈜모톡스(Mottox)

와인을 유명하게 만든 또 하나의 신화가 되었다.

보르도에서는 '샤토'의 이름을 내거는 것이 유행하며 차츰 관례로 자리 잡았다. 와인 등급제가 시행된 1855년 이후의 일이다. 그해에 메독 지구 와인 등급 평가에서 이름에 '샤토'를 내건 생산자는 네 명밖에 없었다. 그러던 것이 30여 년 지난 1886년에는 1,000명을 넘어섰다.

와인은 이미지 산업이다. '샤토'라는 이름이 소비자의 마음을 사로잡아 보르도 생산자들은 경쟁하듯 앞다투어 '샤토○○'라는 이름을 내걸었다.

### 파리 만국박람회에서 제대로 실력을 보여주지 못한 부르고뉴 와인

1855년 파리 만국박람회의 영향으로 보르도산 와인은 전 세계로 날개 돋친 듯 팔려나갔다. 그런데 어찌 된 영문인지 당시 박람회장에 명품 와인의 대명사 격인 부르고뉴 와인은 출품되지 않았다. 이유가 뭘까? 당시 부르고뉴 와인의 명성은 이미 프랑스 국내에 충분할 정도로 널리 알려져 있었기 때문이다. 여기에 더해 영국 생활이 길었던 나폴레옹 3세가 부르고뉴 와인에 그다지 큰 관심을 기울이지 않은 탓도 있다.

보르도의 메독 지구 등급제에 대항하듯 부르고뉴도 적극적인 움직임을 보이기 시작했다. 첫 번째로 추진한 것이 밭의 등급 평가였다. 당시 부르고뉴의 포도밭은 '특급 밭', '1급 밭', '2급 밭' 등으로 나뉘었다. 특급 밭으로는 본로마네(Vosne-Romanée), 클로 드 부조, 샹베르탱, 클로 드 베즈가 선정되었다.

부르고뉴 지역에서는 마을 이름도 대부분 화려하게 재단장했다. 부르고뉴의 코트 도르에는 주브레Gevrey), 모레(Morey), 본(Beaune), 알록스(Aloxe) 등의 마을이 있었는데, 각 마을에는 샹베르탱, 클로 생드니, 로마네콩티, 코르통 등 대단한 명성을 자랑하는 밭들이 자리 잡고 있었다. 19세기 초 무렵의 상황이다. 그곳에서 와인을 판매하고 싶은 주민들은 유명한 밭 이름을 자기 마을 이름에 넣어 주브레 샹베르탱, 모레 생드니(Morey Saint Denis), 본로마네, 알록스코르통(Aloxe-Corton) 등으로 바꿨다.

이런 다양한 노력에도 불구하고 부르고뉴는 나폴레옹 3세 시대에 보르도나 샹파뉴 지방만큼 명성을 높이지 못했다. 파리 만국박람회에서 보르도산 와인은 가치와 실력을 제대로 보여준 데 반해 부르고뉴 와인은 그러지 못한 데다, 샴페인이 박람회 기간 내내 가장 큰 인기를 얻었기 때문이다.

## 프랑스 와인 풍경을 송두리째 바꿔놓은 철도 부설 사업

나폴레옹 3세 통치기에 유럽 대륙에서는 철도 부설 사업이 본격적으로 추진되었다. 나폴레옹 3세가 패배한

보르도·메독 지구 등급제에 대항하듯 부르고뉴도
적극적인 움직임을 보이기 시작했다.
첫 번째로 추진한 것이 밭의 등급 평가였다.

알베르 메냥, 〈부르고뉴 포도 수확기〉, 리옹역(트랭 블뢰 레스토랑)

프로이센-프랑스 전쟁에서도 프로이센군은 철도를 이용해 빠르게 병력을 동원하고 이동시켜 주도권을 쥘 수 있었다. 패전국이 된 프랑스에서도 철도 부설 사업은 꾸준히 추진되어 국토의 동서남북을 철도로 연결했다.

철도 부설 사업은 프랑스 와인 풍경을 송두리째 바꿔놓았다. 남프랑스 와인이 철도를 통해 파리를 비롯한 북부 지방으로 빠른 시일 내에 대량 운송되었기 때문이다. 남프랑스 와인은 상대적으로 값이 저렴한 데 반해 맛이 뛰어나고 안정적이다. 이 지역에서는 따사로운 태양의 은혜로 진하고 묵직한 와인이 생산되어 인기가 높았다. 게다가 이 지역은 와인을 대량 생산할 수 있는 장점도 지니고 있었다.

파리 시민들이 남프랑스 지역에서 생산된 와인을 앞다퉈 사들이는 바람에 파리 근교 와인 생산지는 거의 몰락에 가까운 수준이 되어 어려움을 겪었다. 그 영향으로 파리 주변에서는 품질이 떨어지는 와인을 버젓이 시장에 내놓고 판매하는 몰염치한 행태가 벌어졌다. 이 지역 와인은 값이 상대적으로 저렴하면서도 진하고 묵직한 남프랑스 와인과 품질 면에서 상대가 되지 않았다. 따라서 파리 근교 포도밭들은 차츰 쇠퇴하다가 사라졌다. 어느 날 갑자기 고급 와인으로 진로를 변경할 수도 없는 노릇이라 생산자들로서도 어쩔 도리가 없었다. 이런 녹록지 않은 분위기에서 프랑스 북부 지역 와인 산지는 샹파뉴와 샤블리만 살아남고 모두 도태되었다.

관점을 달리해서 당대의 프랑스 와인 세계를 면밀히 검토해보자. 당시 프랑스 와인은 시장 질서를 흩뜨려놓은 측면이 분명히

지도 12

코트 도르(황금 언덕) 명산지

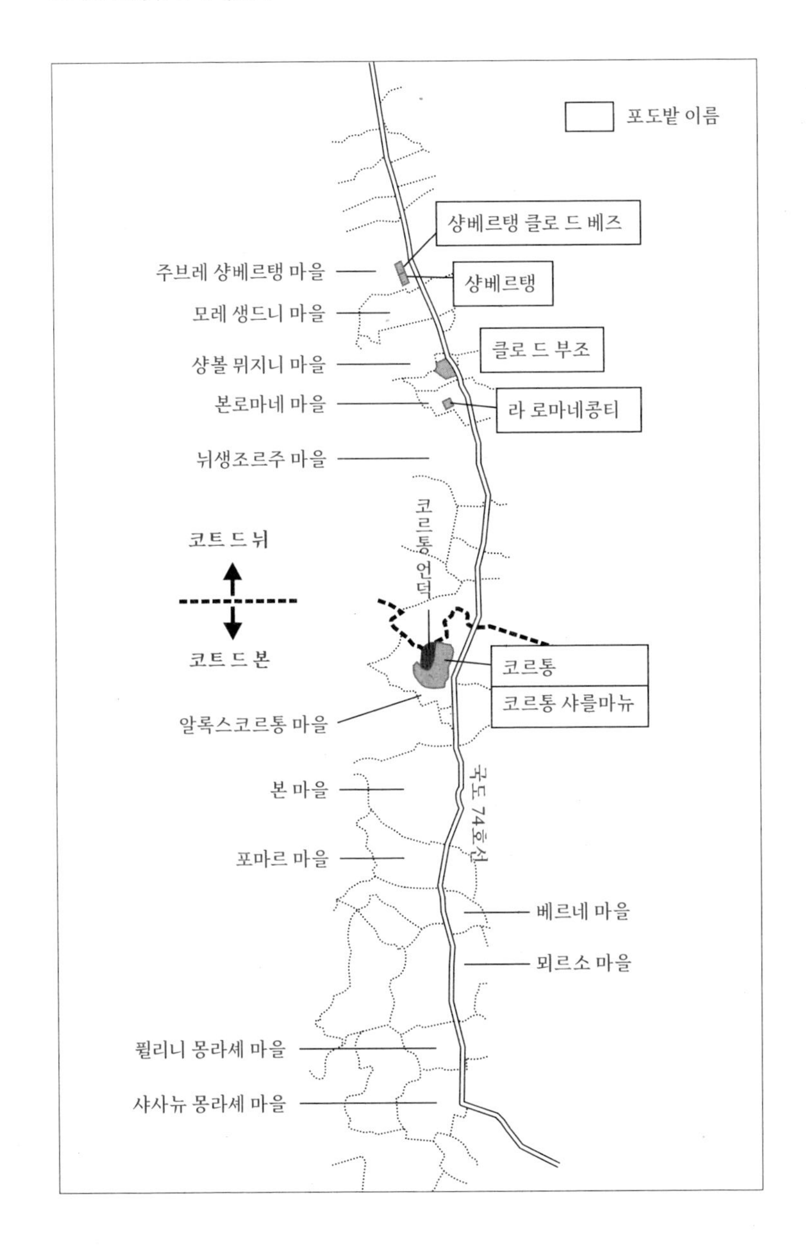

있었다. 값이 저렴한 남프랑스 와인을 부르고뉴 와인으로 둔갑시켜 판매하는 사기 행각이 심심치 않게 발생했기 때문이다. 게다가 대담하고 노골적이게도 주브레 샹베르탱 이름을 내건 가짜 와인까지 등장했다.

나폴레옹 보나파르트가 샹베르탱을 사랑했다는 전설과도 같은 이야기가 대중에게 먹혀들었다. 희대의 영웅이자 황제인 나폴레옹이 즐겨 마셨다면 강력하고 진한 풍미를 보장할 것이라는 선입견이 소비자들의 마음을 움직였기 때문이다. 당시 부르고뉴 와인은 이미 명품 와인으로 노선을 갈아탄 뒤였기에, 일반 대중은 '부르고뉴 와인=섬세하고 화려한 와인'이라는 공식을 알지 못했다.

이런 상황에서 남프랑스의 진한 와인을 '주브레 샹베르탱'이라고 속여 파는 파렴치한 업자가 등장했다. 반대로, 진짜 주브레 샹베르탱을 마시고는 '이렇게 밍밍한 와인이 주브레 샹베르탱일 리 없다'라고 생각하는 소비자도 있었다. 이와 같이 소비자를 우롱하는 사기 행각은 와인 업계에서 관행처럼 오랫동안 이어지며 악덕 업자들의 배를 불려주었다.

## 유럽 와인의 원조격인 이탈리아 와인은 왜 19세기 초까지 정체기를 겪었나

이탈리아의 의식 있는 와인 생산자들은 어느 순간 의아하게 여기기 시작했다. 와인의 원조 격인 데다 오늘날 와인 최강대국 프랑스에 이 술을 전수해준 이탈리아 와인의 명성이 세계 시장에서 그에 한참 못 미치는 참담한 현실을 불현듯 깨달았기 때문이다. 이탈리아 와인은 오랜 정체기를 겪으며 국제 경쟁력을 상실했다.

이탈리아에는 다양한 품종의 포도밭에서 생산되는 각양각색의 와인이 존재했다. 그중에는 품질이 뛰어난 와인도 있지만, 알프스 북쪽에 있는 국가들의 수준과 비교해 한참 뒤떨어지는 와인이 대부분이었다. 르네상스 시대에 보르자(Borgia) 가문과 같은 막강한 권력을 가진 가문 출신 사람이라면 좋은 와인을 구별하고 조달하는 데 어려움이 없었을 것이다. 그러나 이탈리아 와인 중 열에 여덟아홉은 국제 경쟁력이 떨어졌다.

영국과 프랑스가 물밑에서 와인을 놓고 치열한 경쟁을 벌이던 시대에 보르도산 와인이 영국으로 들어오지 못하던 시기가 있었다. 17세기부터 19세기 상황이다. 영국인은 보르도산 와인 대체품을 찾아 이탈리아 토스카나산 와인을 수입했으나 임시방편이었던 까닭에 오래가지 못했다. 당대에 여러 나라 와인을 맛본 영국인들은 프랑스와 독일, 스페인산 와인이 토스카나산 와인보다 품질이 뛰어나다고 평가했다.

고대 에트루리아 시대부터 번영을 누려온 이탈리아반도의 와인 산업은 어쩌다 이렇게까지 침체했을까? 여기에는 몇 가지 이유가 있다. 그중 하나로 꼽을 수 있는 것이 온난한 이탈리아반도의 기후다. 포도를 심어놓기만 해도 따사로운 햇살을 받고 알아서 큰다고 할 정도로 포도 재배에 적합한 기후가 오히려 독이 되었던 게 아닌가 싶다. 즉, 이런 기후 환경에서 생산자들은 포도 재배와 와인 생산 작업에 굳이 몸과 머리를 쓸 필요를 느끼지 못하며 현실에 안주했을 가능성이 크다.

포도나무는 온난한 기후 조건만 충족한다고 해서 저절로 잘 자라고 좋은 열매를 맺는 작물이 아니다. 반대로, 한랭한 기후 조건에서도 제대로 노동력을 투입하고 정성을 들이면 얼마든지 좋은 포도를 수확할 수 있다. 한랭한 기후를 잘 견뎌낸 포도는 오히려 속이 꽉 들어찬 실한 알맹이로 영글어 우수한 품질의 와인을 양조할 수 있다. 알프스 이북 국가나 지역에서는 피땀 어린 인간의 노력과 헌신으로 이루어낸 찬란한 역사가 존재한다. 이 지역들에서 비약적인 와인 양조 기술이 발전하고, 원조 격인 이탈리아 와인을 능가하는 명품 와인이 생산된 것도 그런 맥락이다.

둘째, 이탈리아반도에 사는 사람들, 특히 와인 생산자들의 넘치는 자부심도 한몫했다. 그들은 찬란한 르네상스를 이뤄냈으며, 오랫동안 지중해 무역의 주도권을 잡은 덕분에 번영을 누렸다. 따라서 그들은 자국 문화의 우수성을 믿어 의심치 않고 자랑스러워했다. 그들은 알프스 북쪽 국가들을 문화적으로 열등하다고 여기며 무시했는데, 그런 교만함에 눈이 가려져 그 지역 와인 문화의 눈부신 성장과 발전 양상을 눈치채지 못했다.

그러나 당시 이탈리아반도에서도 알프스 이북 국가와 지역 와인 산업의 잠재력과 성장 추세를 간파한 사람이 있었다. 르네상스 시대에 마르틴 루터(Martin Luther)를 비롯한 종교개혁 세력의 강력한 비판 대상이 되었던 로마 교황 레오 10세(Leo PP. X, 재위

1513~1521)다. 당시 샹파뉴 지방의 기름진 포도밭을 소유한 그는 향락을 일삼았다. 레오 10세와 그의 측근들은 당대에 충분한 정보력과 연줄을 동원해 알프스 이북에서 좋은 품질의 와인이 생산된다는 사실을 알고 있었다. 그러나 대다수 사람은 이런 정보에 깜깜했다.

그러던 중 19세기가 시작되면서 이탈리아반도 주민들의 눈에도 냉혹한 현실이 들어오기 시작했다. 오페라 작곡가 조아키노 로시니는 당시 와인을 둘러싼 유럽 대륙의 현실을 날카롭게 직시한 인물 중 한 명이었다. 이탈리아 도시 페사로(Pesaro)에서 태어난 로시니는 이탈리아에서 뮤지션으로 명성을 날리다가 말년을 파리에서 보낸 뒤 그곳에서 눈감았다.

로시니는 당대 미식가로도 유명했는데, 와인에 조예가 깊어 와인 감정가로 활동하기도 했다. 그런데 매우 까다로운 입맛의 소유자였던 자기 조국 이탈리아 와인을 평가한 기록이나 흔적은 남아 있지 않다.

로시니는 이탈리아 요리를 사랑했다. 그래서 그는 나폴리산 마카로니, 피에몬테(Piemonte)와 움브리아(Umbria)의 송로버섯, 볼로냐를 대표하는 파스타 토르텔리니(tortellini), 모데나의 발사믹 식초 등을 먹고 평가를 남겼는데, 당시 미식 목록에서도 이탈리아 와인은 찾아볼 수 없다. 그는 보르도 와인과 샴페인, 가스코뉴 와인, 독일의 라인 와인, 스페인의 알리칸테(Alicante), 프랑스 스트라스부르(Strasbourg)의 맥주 등을 즐겨 마셨다. 알리칸테는 오늘날 그리 높은 평가를 받지 못하는 와인인데, 이탈리아 와인은

로시니는 당대 미식가로도 유명했는데,
와인에 조예가 깊어 와인 감정가로 활동하기도 했다.

H. 메일리, 〈조아키노 안토니오 로시니〉(1869)

그보다도 낮은 평가를 받았으리라 추정된다. 그는 자기 저택에서 보르도의 생테스테프(Saint-Estèphe), 생테밀리옹(Saint-Émilion) 등의 와인을 즐겨 마신 것으로 알려져 있다.

이 사실로 미루어 로시니가 자신의 고국 이탈리아 요리는 높이 평가했지만, 이탈리아 와인은 대놓고 무시해 평가 대상으로조차 삼지 않았음을 짐작할 수 있다. 이탈리아 와인은 국제 경쟁력이 없었다. 이탈리아반도 주민들도 로시니의 영향을 받아 이탈리아 와인이 맞닥뜨린 냉혹한 현실에 차츰 눈을 떴다.

이탈리아 와인에 대한 현실 자각은 이 땅의 복잡다단한 정치 역학 관계 및 변동과 관련이 깊다. 18세기 말, 나폴레옹 장군이 이끄는 프랑스군이 이탈리아반도를 거침없이 침략했다. 나폴레옹군은 이탈리아반도를 손쉽게 제패한 뒤 무력을 동원했다. 그 과정에서 이탈리아반도 주민들은 세계가 격변하고 있음을 체감했다. 그들은 그때까지 자신들이 애써 지켜온 질서와 체계가 얼마나 손쉽고 허무하게 무너질 수 있는지 뼈저리게 느꼈으며, 프랑스 혁명의 이념이 무엇인지도 깨달았다. 그리고 그 끝에서 이탈리아가 맞닥뜨린 비참한 현실을 실감했다.

당시 이탈리아반도에서는 로마제국이 멸망한 뒤 10여 세기에 걸쳐 통일이 이루어지지 않은 채 극심한 혼란과 분열 상태가 이어졌다. 엎친 데 덮친 격으로, 당대 강대국 중 하나였던 오스트리아에 잠식당해 제대로 된 독립 세력이라고는 사르데냐 왕국 정도밖에 없었다. 격변하는 세계와 마주한 이탈리아인들은 더는 현실을 외면할 수 없었다. 그러한 각성은 이탈리아 통일을 지향하는 '리소르지멘토 운동(il Risorgimento, 19세기 이탈리아에서 일어난 정치·사회 개혁 운동으로, 1861년 이탈리아반도와 주변 섬들의 여러 국가를 단일 국가인 이탈리아 왕국으로 통합하는 결과를 가져왔다.—옮긴이)'으로 이어졌다.

통일 이탈리아에 대한 갈망이 고취되는 시대에 이탈리아 와인 생산자들도 각성했다. 그들은 처음으로 세계 시장을 의식하며 품질이 뛰어난 와인, 프랑스 와인처럼 전 세계적으로 소비되며 찬사를 받는 명품 와인을 생산하겠다고 다짐했다. 오늘날 이탈리아 와인은 이 시점에서 새롭게 시작되었다고 해도 지나치지 않다.

### "와인의 왕, 왕의 와인"이라는 찬사를 받는 피에몬테 지방의 바롤로 와인

피에몬테 지방은 19세기에 이루어진 이탈리아 와인 개혁의 원동력이 된 장소 중 하나로 꼽힌다. 오늘날 피에몬테는 바롤로(Barolo)라는 이름의 명품 와인 산지로 전 세계에 알려져 있다. 바롤로는 "와인의 왕, 왕의 와인"이라는 찬사를 받고 있는데, 뜻밖에도 역사는 길지 않다.

바롤로와 바르바레스코(Barbaresco)를 탄생시킨 네비올로(Nebbiolo) 품종은 13세기경 피에몬테에서 재배되었다고 전해진다. 그러나 당시 피에몬테에서 만들어진 바롤로는 오늘날의 바롤로처럼 응축된 와인이 아니라 달콤한 맛을 자랑했다.

고대 로마 시대부터 달콤한 와인에 대한 수요가 존재했으나, 19세기 프랑스인들은 그저 달기만 한 와인을 선호하지 않았다. 그 당시 보르도 와인은 우여곡절 끝에 중후한 스타일을 완성했고, 부르고뉴 와인은 시종일관 우아함을 추구했다. 이런 과정에서 카밀로 벤소 카보우르 백작(Camillo Benso Conte di Cavour)은 바롤로의 미래를 우려했다.

카보우르는 이탈리아반도에서 일어난 리소르지멘토 운동의 중심축을 이루었다. 그가 이끄는 세력의 주도로 바롤로 개혁이 시작되었는데, 이 개혁 진행 과정 자체가 리소르지멘토와 긴밀히 연관돼 있다.

사르데냐 왕국은 리소르지멘토 운동의 선두에 나섰다. 리소르지멘토 운동은 19세기 중반에 일어났다. 사르데냐 왕국은 '피에몬테 왕국'으로도 불렸는데, 이는 이 왕국이 사르데냐뿐 아니라 이탈리아 북서부의 피에몬테를 영유했기 때문이다. 토리노를 수도로 삼은 사르데냐 왕국은 이탈리아반도의 비주류 독립 세력이었다. 사르데냐의 카를로 알베르토(Carlo Alberto di Savoia-Carignano, 재위 1831~1849)국왕은 북이탈리아로 세력을 확장하려던 오스트리아에 당당히 맞섰다. 그러나 그의 군대는 오스트리아 황제가 파견한 요제프 라데츠키 폰 라데츠(Joseph Radetzky von Radetz) 장군이 이끄는 군대와 맞서 싸우다 패배했고, 이후 그는 강제로 퇴위당하는 수모를 겪었다. 그리고 새로 즉위한 비토리오 에마누엘레 2세(Vittorio Emanuele II, 재위 1861~1878)의 총리가 카보우르였다.

카보우르는 사르데냐 왕국이 단독으로 오스트리아에 맞서 승리를 쟁취할 가능성이 거의 없다고 판단했다. 그는 오스트리아와 전면전을 치르는 일에 에너지를 쏟기보다 이탈리아반도를 통일하는 일에 매진해야 한다고 믿었다. 그 연장선에서 카보우르는 프랑스 황제 나폴레옹 3세와 동맹을 맺고자 했다. 1853년에 시작된 크림 전쟁에서 사르데냐 왕국이 영국, 프랑스 진영에 가담해 파병까지 한 것 또한 프랑스의 환심을 사기 위한 방책이었다.

사르데냐와 프랑스 연합군은 마젠타 전투(Battle of Magenta)와 솔페리노 전투(Battle of Solferino)에서 오스트리아군을 격파했다. 그 덕분에 이탈리아반도에서 오스트리아군을 모두 몰아냈을 뿐 아니라 리소르지멘토를 달성할 가능성이 커졌다.

## 볼품없는 키안티 와인을 명품 와인 키안티 클라시코로 거듭나게 한 통일 이탈리아 총리 베티노 리카솔리

이탈리아는 통일을 향해 줄기차게 달려갔다. 1860년대 상황이다. 통일의 주축이 된 사르데냐 왕국은 토스카나와 손을 잡았다.

토스카나의 실질적인 통치자였던 베티노 리카솔리(Bettino Ricasoli)는 카우보르가 주도권을 가진 사르데냐 왕국과 동맹을 맺었다. 이후 두 사람은 통일 이탈리아와 토스카나 편입 문제에 대한 심도 있는 논의를 거쳐 합의에 이르렀다. 그 결과, 토스카나

지도 13

이탈리아의 포도밭

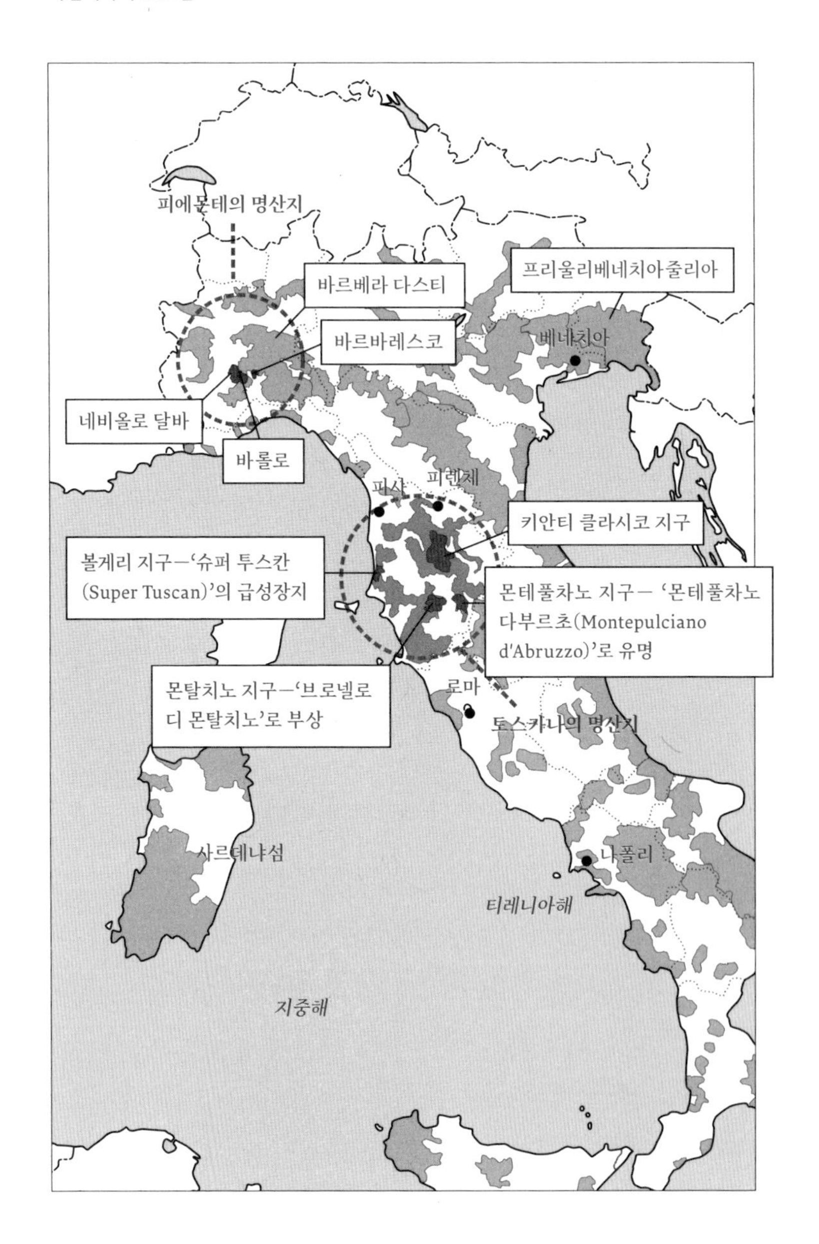

## 바롤로와 바르바레스코

### 명성에 비해 의외로 구하기 쉬운 명품 와인

바롤로와 바르바레스코는 피에몬테 지방의 마을 이름으로, 피에몬테 지방에서 생산되는 네비올로 품종의 포도만으로 양조하는 명품 와인이다. 이 두 와인은 이탈리아에서 가장 주목할 만한 와인으로 인정받는다. 바롤로는 부르고뉴의 피노누아와 비슷한 속성을 가지고 있어 우아하고 깊이감이 좋다. 지속성(persistent) 측면에서는 바롤로가 바르바레스코보다 한 수 위다.

바롤로와 바르바레스코의 가장 큰 장점은 명성에 비해 구하기 쉽다는 점이다. 1990년대 이후 유명 생산자가 양조한 와인의 경우 가격이 크게 뛰어 일반 서민들은 엄두도 못 낼 정도가 됐다. 그에 반해 바롤로와 바르바레스코 와인은 10만 원대 이하 가격으로도 비교적 좋은 품질의 와인을 구할 수 있다.

명품 바롤로와 바르바레스코 생산자로는 안젤로 가야(Angelo Gaja), 루치아노 산드로네(Luciano Sandrone), 도메니코 클레리코(Domenico Clerico), 브루노 자코사(Bruno Giacosa) 등을 꼽을 수 있다. 이름이 알려진 생산자가 양조한 와인은 이미 가격이 오를 대로 올랐으나, 조금만 발품을 팔면 비교적 합리적인 가격의 품질 좋은 바롤로와 바르바레스코를 구할 수 있다.

브루노 자아코사의 바르바레스코 아실리(2019년)
사진 제공: (주) 모톡스(Mottox)

가 사르데냐 왕국에 협력하며 토리노를 수도로 정한 이탈리아 왕국이 세워졌고, 비토리오 에마누엘레 2세가 왕위에 올랐다. 이때까지도 베네치아와 로마 교황령은 이탈리아 왕국의 영토에 편입되지 않았다.

당시 통일 이탈리아 초대 총리였던 카보우르는 얼마 지나지 않아 세상을 떴다. 그의 뒤를 이어 베티노 리카솔리가 토스카나의 총리 자리에 올랐다. 그는 토스카나의 실권자로 이미 세상에 알려져 있었다.

베티노 리카솔리는 '철의 남작'이라는 별명으로 불릴 만큼 강한 성격의 소유자로 카리스마가 대단했다. 카보우르와 마찬가지로, 리카솔리 역시 와인과 인연이 깊었다. 리카솔리는 토스카나 지역 키안티 클라시코(Chianti Classico)의 중심 브롤리오성(Castello di Brolio)에 거주했다. 12세기 무렵부터 그의 가문은 이 지역에서 와이너리를 운영해왔다. 참고로, 오늘날에도 리카솔리 가문이 경영하는 와이너리 '바로네 리카솔리(Barone Ricasoli)'가 있다.

리카솔리는 키안티의 현실을 우려의 눈으로 바라보았다. 이 점에서는 그의 전임자 카보우르도 마찬가지였다. 옛날에는 키안티에서도 훌륭한 와인이 생산되었으나 차츰 개성을 잃고 떫은맛만 남자 찾는 이가 거의 없어졌다. 이대로라면 키안티의 미래가 암담할 수밖에 없다고 판단한 리카솔리는 알프스 북부 나라들과 프랑스, 독일 등을 여행하며 견문을 넓히기 위해 노력한 뒤 다양한 품종의 포도를 수입했다. 리카솔리는 키안티에 어떤 포도나무를 심어 키우고 수확하면 좋은 와인을 양조할 수 있을지 고민하며 연구에 연구를 거듭했다.

피땀 흘리며 노력한 끝에 리카솔리는 키안티를 살릴 최상의 블렌드를 개발하는 데 성공했다. 산조베제(Sangiovese)를 주력으로, 카나이올로(Canaiolo)와 청포도 말바시아(Malvasia), 트레비아노(Trebbiano)를 적정량 섞으면 절묘한 블렌딩이 완성된다는 사실을 알게 된 것이다.

키안티 클라시코는 지도자 리카솔리의 과감한 개혁에 힘입어 국제 경쟁력을 갖춘 명품 와인으로 거듭났다. 이후 키안티 클라

지도 14

**이탈리아 와인의 개혁자가 손잡고 이탈리아 통일로**

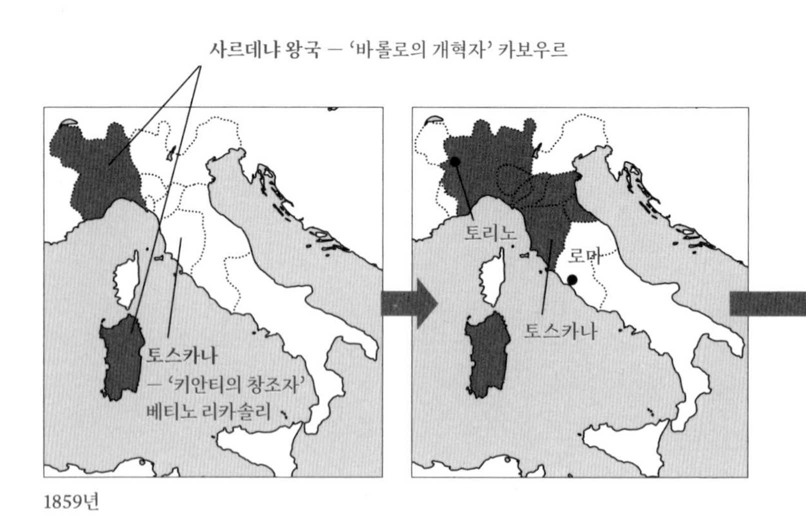

시코는 1867년 개최된 파리 만국박람회에서도 호평받아 이탈리아를 대표하는 명품 와인으로 자리매김했다. 19세기 중반, 이탈리아에서는 조국의 미래를 걱정하는 사람이라면 예외 없이 와인의 미래를 걱정하는 풍조가 생겨났다.

리카솔리의 눈물겨운 노력으로 잠시 되살아나는 듯했던 키안티는 얼마 지나지 않아 다시 부진의 늪에 빠지기 시작했다. 키안티의 이름값이 지나치게 높아지면서 그 명성에만 기댄 채 노력하지 않는 게으른 와인 생산자들이 속출했기 때문이다.

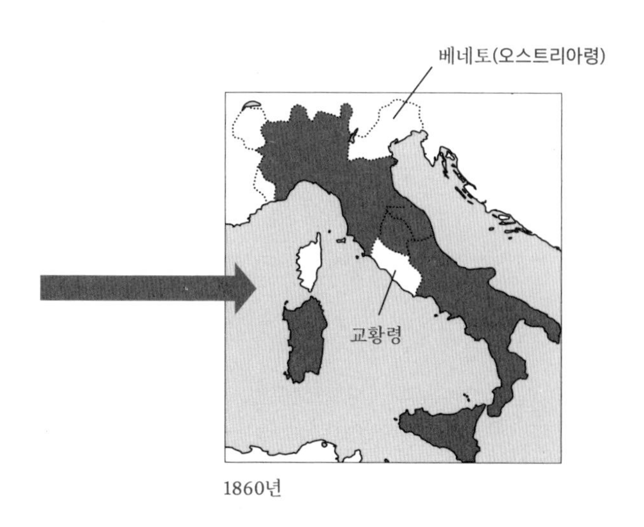


1860년

어떤 사람들은 애초에 리카솔리의 블렌딩 비율에 문제가 있었다고 주장한다. 사실 키안티의 근간을 구성하는 산조베제 품종 포도의 수확량이 그리 많지 않았다. 반면 말바시아 등의 청포도는 산화에 약하다는 단점이 있음에도 수확량이 꽤 많았다. 따라서 말바시아의 비율을 아슬아슬한 수준까지 높이는 새로운 생산자가 등장해 빠르게 산화하는 와인이 만들어졌다.

어찌 됐든, 키안티는 값싸고 품질이 다소 떨어지는 와인이라는 인식이 생겨나면서 소비자에게 외면받던 시기가 있었으나 또다시 새로운 개혁으로 부활했다. 20세기 말의 일이다.

19세기 이탈리아의 와인 개혁은 아직 끝나지 않았다. 이탈리아의 토지 소작 제도에 문제가 생겨 좋은 품질의 와인을 양조하고자 하는 생산자가 나타나기 어려운 구조적 문제가 발생했다. 이탈리아 와인 산업의 발목을 잡은 토지 제도는 1970년대 후반 이후가 되어서야 비로소 개선되기 시작했다.

## 19세기 후반부터 20세기 초반
## 최고 황금시대 샴페인에 취한 유럽

유럽의 최고 황금시대를 꼽으라면, 19세기 후반부터 20세기 초반을 들 수 있다. 이 시기에는 산업혁명에 힘입어 전반적으로 생활 수준이 크게 개선되었으며, 굶주림에 대한 불안감도 사라졌다. 먹고사는 문제가 어느 정도 해결되자 유럽

## 키안티

### 편하게 마실 수 있지만, 선택하기 어려운 와인

키안티는 토스카나 지방의 도시 피렌체와 시에나 사이에 자리 잡은 구릉지대다. 이 지대는 남북으로 160킬로미터나 길게 뻗은 드넓은 밭으로, 키안티 클라시코가 그 중심에 자리한다. 과일 맛이 나서 비교적 이해하기 쉬운 것이 특징인데, 일반적으로 키안티 클라시코가 키안티보다 개성이 강하다.

키안티만큼 편하게 마실 수 있지만, 선택하기 어려운 와인도 찾아보기 어렵다. 품질이 좋은 키안티가 있지만, 명성에 기댄, 실망스럽기 짝이 없는 키안티도 많다. 심지어 비싼 가격의 키안티 클라시코 리세르바(Chianti Classico Riserva)보다 오히려 몇만 원대의 비교적 저렴한 키안티 클라시코가 훨씬 맛있는 경우도 적지 않다.

키안티를 제대로 음미하고자 한다면 생산자를 까다롭게 고르는 수밖에 없다. 유능한 와인 생산자도 마음먹고 찾아보면 의외로 적지 않다. 구체적으로 예를 들면, 카스텔로 디 아마(Castello di Ama), 폰토디(Fontodi), 케르차벨라(Querciabella) 등을 꼽을 수 있다.

카스텔로 디 아마의 산로렌초 키안티 클라시코 그랑 셀렉지오네(2017년)
사진 제공: 에노테카(주)

여러 나라는 해외로 진출하기 시작했다. 유럽 각 나라들은 아시아와 아프리카 대륙을 야금야금 먹어 치우더니 급기야 식민지를 통째로 집어삼켰다. 당대 유럽인들은 두 대륙의 독립 세력과 싸우면서 연전연승을 거두며 자신들의 대항마가 없다는 기분에 한껏 도취되었다.

유럽 나라들에는 천만다행히도 이 시기에 서유럽 내부에서 대규모 전쟁이 거의 일어나지 않았다. 18세기에는 서유럽에서 수시로 대규모 전쟁이 일어났으며 폭력, 공포와 싸워야 했다. 그러다가 1871년 프로이센-프랑스 전쟁이 끝난 이후부터 제1차 세계대전이 발발한 1914년까지 40여 년 동안 평화가 이어졌다. 이 미증유의 평화로운 시대에 유럽인들은 와인 맛의 매력에 흠뻑 빠졌다.

당대 유럽인들은 달콤한 꿈을 꾸는 듯한 기분을 맛보게 해주는 샴페인에 취해 나른한 단꿈을 즐겼다. 그러다가 19세기 후반에 접어들 무렵, 샴페인 가격이 내려 훨씬 많은 사람이 샴페인을 즐길 수 있게 되었다. 샴페인 관련 기술이 발달하면서 쉽게 깨지곤 하던 병의 강도도 획기적으로 높아졌다. 그 결과, 많은 사람이 샴페인을 찾았으며 쾌락에 들뜬 하룻밤을 보내고 싶어 했다.

이런 유럽인들의 한껏 고무되고 들뜬 기분이 오스트리아 작곡가 요한 슈트라우스 2세(Johann Baptist Strauss II)가 작곡한 오페레타 〈박쥐(Die Fledermaus)〉에 잘 나타난다. 1874년에 처음 상연된 이 오페레타는 정신없이 산만한 희극으로, 이 작품만큼 샴페인이 수시로 등장하는 오페라도 찾기 힘들 정도다. 태평함과 평온함의 극치에 달했다고 평가할 만한 서곡 자체가 당시 샴페인이 선사하는 취기를 여실히 보여준다. 제2막에서는 아예 '샴페인의 노래(Champagne Song)'를 선보이며 등장인물들이 시종일관 밝은 분위기에서 신나게 노래를 부른다. 피날레에서는 "지금까지의 소동은 모두 샴페인 거품이 일으킨 장난"이라고 노래하고, 다 같이 '술의 왕자 샴페인을 찬양'하며 막을 내린다.

〈박쥐〉의 세계는 향락과 한바탕 웃음으로 넘쳐난다. 당시 샴페인은 이런 흥겨운 분위기를 띄우는 역할을 했다. 관객은 샴페인을 마실 때 나른한 행복감을 떠올리며 상상의 나래를 폈다. 그리고 마침내 평화의 시대가 온 듯한 기분을 만끽하며 오페레타에 취했다.

이 거품과도 같은 가짜 평화가 깨지는 날이 마침내 찾아왔다.

World History of
WINE

⑦

# 보르도·부르고뉴 절대 신화를 무너뜨린 캘리포니아 와인

## 제1차 세계대전 당시 프랑스군에서 '승리의 술'로 찬사받은 와인, 제2차 세계대전에서는?

전 세계를 절망과 고통 속으로 몰아넣은 제1차 세계대전이 발발했다. 1914년의 일이다. 이 전쟁은 누구도 예상하지 못한 끔찍한 참호전으로 이어졌다. 프랑스군, 영국군은 제각각 참호를 파고 독일군의 진격을 저지하기 위해 총력을 다했다. 이때 독일군도 참호 안에 몸을 숨긴 채 프랑스군과 영국군의 돌격에 대비했다.

참호전은 글자 그대로 잔인하고 참혹하기 그지없었다. 참호 안은 불결했으며, 섣불리 돌격에 나서다가 적의 무시무시한 화기의 반격을 받아 수많은 병사가 꼼짝없이 쓰러져 죽는 운명에 처했다. 베르됭 요새 공방전에서 프랑스군이 입은 병력 손실은 30만 명을 넘어설 정도로 엄청났다. 솜 전투(Bataille de la Somme)에서 영국군과 프랑스군이 입은 병력 손실은 그 두 배에 달하는 60만 명 이상이었다. 병력 손실이 너무도 크고 심각해서 프랑스군 내부에서는 병사들의 대대적인 반란이 일어났다. 그러나 다행히도

전쟁 막바지에 미군이 참전하면서 영국군과 프랑스 연합군의 승리로 끝났다.

병사 대다수가 사망하는 참혹한 전투에서 프랑스군의 든든한 버팀목이 되어준 것이 바로 알코올 음료 '와인'이었다. 오늘날 전 세계 대다수 군대가 전장에서 음주를 엄격히 금지하는데, 당시만 해도 음주에 상당히 관대한 편이었다. 실제로 그 시절, 병사들은 전쟁터에서 물 대용품으로 와인을 마실 수 있었다. 와인의 취기를 빌리지 않으면 비참한 참호 생활을 견디기 어려웠을 뿐 아니라 목숨을 건 돌격도 불가능했기 때문이다. 깨끗한 물을 확보하기 어려운 열악한 환경에서 와인은 물과 소독약을 대신하는 귀중한 보급품이 되어주었다.

제1차 세계대전이 발발한 1914년 당시 프랑스 군대는 병사 한 명당 하루 250밀리리터의 와인을 보급했다. 여기에 더해 추가로 62.5밀리리터의 증류주를 제공했다. 이 배급량이 1916년에는 500밀리리터로 늘어났다.

1918년에는 병사들의 사기를 북돋우기 위해 하루 기준 1리터의 와인이 지급되었다. 그로부터 한 해 전 프랑스군 내부에서는 무모한 돌격이 반복되는 현실에 염증을 느끼는 분위기가 팽배했고, 급기야 병사들이 반란을 일으키는 사태로 번졌다. 이 사태를 수습한 필리프 페탱(Henri Philippe Benoni Omer Joseph Pétain) 장군은 장교들에게 무모한 돌격을 중단하라고 명령한 뒤, 병사들을 일일이 찾아다니며 위문했다. 여기서 한발 더 나아가 그는 지치고 고통스러워하는 병사들의 몸과 마음을 달래기 위해 하루 1리

병사 대다수가 사망하는 참혹한 전투에서

프랑스군의 버팀목이 되어준 것이 바로 '와인'이었다.

제1차 세계대전 당시 와인을 준비하는 프랑스 병사들

터의 와인을 보급할 것을 명령했다.

당시 병사들에게 지급된 와인은 말이 와인이지 조악하기 짝이 없는 품질이 낮은 술이었다. 와인에 물을 타서 알코올 도수를 9도로 낮춘, 그저 어떻게든 취하려면 마실 수밖에 없는 싸구려 와인이었다.

와인은 제1차 세계대전의 최종 승리를 거둔 나라 중 하나인 프랑스에서 '승리의 술'로 찬사받았다. 그런데 이때부터 문제가 발생했다. 어찌 된 일인지 와인의 신통력이 제2차 세계대전 당시 독일과의 전투에서는 전혀 통하지 않았기 때문이다. 프랑스군이 독일군에 선전포고하고, 독일군은 동부 전선에 집중하는 사이 프랑스군이 전선에 투입되지 않아 '기묘한 전쟁'이라는 별명을 얻은 전투가 벌어졌다.

독일군이 프랑스를 향해 진격하기 시작했다. 이는 1940년 5월의 일이다. 독일군은 공군과 전차 부대를 절묘하게 연동시킨 기동전에 나선 결과, 프랑스군을 거의 궤멸 직전까지 몰아붙였다. 그로부터 한 달쯤 지나서 프랑스는 항복을 선언했다. 프랑스군 패배의 직접적 원인은 독일의 예상치 못한 돌격전이었다. 그러나 더 큰 문제는 내부에 있었다. 즉, 이미 프랑스군의 기강이 해이해질 대로 해이해져 있었던 탓이었다. 전투가 거의 없는 전선에서 마치 물처럼 거의 무한대로 제공되는 와인을 부어라 마셔라 들이켜며 소일했기에 사기는 바닥까지 떨어진 상태였다. 그런 상황에서 프랑스군은 성난 파도처럼 밀려오는 독일군에 의해 속수무책으로 무너질 수밖에 없었다.

## 소련과 공산권 국가들의 와인 문화를 철저히 파괴한 원흉, 고르바초프

20세기에 들어서면서 동유럽 국가들과 우크라이나의 문화는 정체되다가 결국 파괴되었다. 당시 동유럽, 우크라이나와 인접한 나라들은 모두 공산권 대장 국가인 소련의 영향권으로 편입되었기 때문이다.

1917년에 일어난 러시아 혁명 후 성립한 소련은 세계 최초의 공산주의 국가였다. 소련은 제2차 세계대전에서 연전연승하며 진격해오던 독일군을 격파하고 세계 최강 육군을 보유한 국가로 자리매김했다. 제2차 세계대전이 끝난 후 동유럽에는 공산주의 국가들이 연이어 탄생했으며, 대부분 소련의 위성국이 되었다.

소련의 독재자 이오시프 스탈린(Iosif Stalin)은 애주가로 유명했다. 그의 측근들 역시 술 없이는 하루도 살 수 없을 정도로 대단한 주당이었다. 스탈린은 거의 날마다 밤을 새워가며 그들과 술자리를 즐겼다.

그러나 이 시대에 와인 문화는 철저히 파괴되었다. 실제로 공산주의자들이 작정하고 파괴한 와인 문화의 전형이 헝가리 토카이 와인 사례에서 발견된다.

감미로운 토카이 와인은 각 나라의 황제와 왕들을 비롯한 많은 사람을 매료시킨 헝가리의 자랑거리 중 하나였다. 그런데 헝가리가 공산주의 국가가 되면서 토카이 와인의 품질이 크게 떨어져 도저히 마시기 힘들 만큼 처참한 수준으로 전락했다.

토카이 와인은 공산당의 강요로 이루어진 대량 생산과 와인에 대한 몰이해로 인해 품질이 크게 떨어졌다. 그때까지 명품 술로 인정받았던 토카이 와인은 급경사지에 심어진 포도나무에서 수확한 포도로 생산되었다. 부르고뉴나 라인강 유역에서 보듯, 양지바른 경사지에서는 명품 와인이 탄생하기 마련이다. 토카이 와인 역시 예외는 아니었다. 그런데 공산주의 시대에 헝가리에서는 토카이 지역 경사지에서 자라던 포도나무를 억지로 캐내어 평지로 옮겨 심었다. 그리고 수확한 포도를 몽땅 모아 균질한 토카이 와인을 양조하기 시작했다.

공산주의는 노동자의 평등을 부르짖으며 과학적인 방식을 비판 없이 신봉하는 경향이 있다. 당시 이 사상에 경도된 헝가리 정부는 과학적으로 토카이 와인을 대량 생산해 모든 인민에게 공평하게 제공하고자 했다. 그러나 이런 획일적인 생산 방식은 토카이 와인의 높은 품질과 가치를 훼손하는 끔찍한 결과를 낳았다.

명품 와인은 생산자의 의지와 열정, 노력으로 만들어지고 유지된다. 공산 정부가 추구하는 '대량 생산'과 '균질화'라는 이름의 평범화, 현실을 무시한 교조적 과학주의는 오랜 전통을 이어받은 와인 생산자의 이상과 거리가 멀었다. 토지를 몰수당한 농민들도 의욕을 잃어 한때 비범하고 특별했던 토카이 와인은 평범한 수준으로 떨어졌다.

소련의 서기장을 지낸 미하일 고르바초프(Mikhail Gorbachyov)는 공산권의 와인 문화를 철저히 파괴한 장본인으로 꼽힌다. 서방 국가들은 1980년대 역사의 무대에 등장해 소련의 개혁을 추진한 고르바초프를 호의적인 시선으로 바라보았다. 그러나 와인의 관점에서 보면, 그는 소련을 비롯한 공산권 국가들의 와인 문화를 철저히 파괴했다.

고르바초프는 정체된 소련 경제를 재건하기 위해 '와인 파괴자'를 자처했다. 그는 소련의 경기 침체가 공산주의와 사회주의의 결함이 아닌 알코올에서 비롯된다고 판단했다. 실제로 생산 현장에서 소련 노동자들은 대낮부터 보드카를 들이켜고 알딸딸하게 취한 상태로 느릿느릿 굼뜨게 움직이며 일했다. 현실 세계에서 알코올의 폐해는 명백했다. 이런 상황에서 고르바초프는 알코올을 근원적인 문제로 진단하고 엄격한 금주 정책을 시행하며 노동자들에게 보드카를 끊도록 강요했다. 여기에서 한발 더 나아가, 그는 와인 생산 자체를 중단시키려고 했다.

고르바초프 서기장의 반알코올 정책으로 치명적인 타격을 입은 나라는 우크라이나였다. 고대 이래 포도 농사와 와인 양조가 활발했던 우크라이나에서는 갑작스러운 금주 정책으로 드넓은 밭의 포도나무가 모조리 뽑혀나가는 참사를 겪었다. 루마니아와 우크라이나 사이에 자리한 몰도바(Moldova)에서도 5만 7,000헥타르의 포도밭이 순식간에 사라졌다.

불가리아는 고르바초프 와인 말살 정책의 또 다른 주요 피해국이었다. 그때까지 불가리아산 와인은 서구 유럽 국가들에 대량 수출되었는데, 소련 역시 불가리아 와인이 공급되는 거대 시장이었다. 1960년대 불가리아는 세계 제6위의 와인 생산국이었다. 그런데 금주 및 알코올 탄압 정책으로 불가리아 와인은 수출길이 막혀, 급기야 농민들이 포도나무를 뽑아내고 밭을 갈아엎는 지경에 이르렀다. 1980년대 상황이다.

1989년, 베를린 장벽이 붕괴한 뒤 동유럽 국가들은 하나둘 민주화로 방향을 급선회했다. 그 연장선에서 소비에트연방에 속했던 우크라이나와 조지아는 독립했다. 여기에는 소련식 공산주의의 억압 정책에 진저리가 난 탓도 있지만, 한때 잘나가던 와인 산업을 소련이 망쳐놓았다는 울분과 억하심정도 한몫했다. 그 무렵, 헝가리에서는 토카이 와인이 부활을 위한 시동을 걸고 있었다.

## 제2차 세계대전 후 세계 와인 문화를 송두리째 바꿔놓은 미국의 부유한 소비자들

미국은 제2차 세계대전 이후 20세기 후반 와인 세계를 바꿔놓은 주인공이라 할 만하다. 초강대국 미국의 강력한 경제력, 와인을 향한 국민의 사랑과 열정이 와인 세계의 패러다임을 바꿔놓았다.

20세기 전반기까지만 해도 미국은 와인 대국으로 인정받기 민망한 수준이었다. 와인 문화의 발전과 성숙에 필요한 모든 조건을 갖춘 미국에서 그때까지 와인 문화가 꽃피지 못한 원인은 뭘까? 한 가지 근본 원인을 꼽으라면, 1920년대에 전격적으로 시행된 '금주법'을 들 수 있다. 게다가 미국인들은 본래 와인보다 맥주, 칵테일, 증류주 등의 술을 더 좋아했다.

그러다가 제2차 세계대전 이후 세계에서 가장 부유해진 미국의 와인 세계는 눈에 띄게 달라졌다. 미국인들은 경제적으로 엄청난 풍요를 누렸고, 와인과 미식 세계에 특별한 관심을 기울이기 시작했다.

바야흐로 '하늘의 시대'가 열리면서 세상이 혁명적으로 달라졌다. 대형 여객기가 등장해 대륙과 대륙을 빠른 속도로 오가며 사람들을 실어 날랐다. 이 시대에 미국인들은 유럽 여러 나라와 도시, 그중에서도 특히 프랑스 파리 등을 여행하며 호화롭고 향기로운 미식과 명품 와인 세계에 눈떴다.

이 시대에 유럽 와인 맛과 향기를 제대로 체험한 미국인은 어니스트 헤밍웨이(Ernest Miller Hemingway) 등의 유명 소설가 몇 명과 저명한 언론인 몇 명 등 극소수뿐이었다. 그런 상황이어서 당연하게도 일반 시민은 유럽 본고장의 뛰어난 와인 맛과 향기를 체험할 기회가 거의 없었다. 그러다가 대형 여객기가 등장해 부유한 일반 미국 시민도 프랑스 명품 와인을 향유할 수 있는 길이 열린 셈이었다.

프랑스에서 진정한 와인 세계를 경험한 미국인들은 이내 열광적인 와인 숭배자가 되었다. 당대 전 세계에서 가장 부유한 나라 미국의 국민들은 돈을 물 쓰듯 하며 프랑스 와인을 즐겼다. 세계적인 와인 평론가로 꼽히는 로버트 파커(Robert Parker)는 주머니가 얇던 시절, 자주 유럽을 여행하며 합리적인 가격에 질 좋은 와인을 실컷 마신 경험이 와인 평론가로서의 시발점이 되었다고 밝혔다.

미국인이 와인 맛에 눈뜨면서 전 세계 와인 소비량이 급증했다. 1960년부터 1973년 사이 미국인의 와인 소비량은 두 배 이상 늘어났다. 미국 부자들은 앞다퉈 보르도 명품 와인을 사들였다. 그들은 특히 프랑스 5대 샤토의 명품 와인을 선호했다. 미국은 영국을 대신해서 보르도 와인의 최대 소비국으로 자리매김했고, 미국에서의 인기가 보르도 와인 가격을 끌어올렸다. 그 결과, 1969년 보르도 와인 전체 매출은 전해 대비 50퍼센트나 증가했다. 이렇듯 미국의 강력한 경제력이 와인 세계의 풍경을 송두리째 바꿔놓았다.

보르도의 5대 샤토에서 양조한 와인 가격은 21세기에 들어서면서 본격적으로 관심 두기 시작한 중국인 부자들에 의해 또다시 가파르게 상승했다. 20세기 전반기에서 21세기에 이르는 기간에 미국과 일본, 중국과 여러 신흥 대국이 뛰어들면서 보르도와 부르고뉴의 명품 와인은 가격 붕괴 걱정에서 벗어나 높은 가격대를 유지할 수 있었다.

## 캘리포니아 와인이 '보르도·부르고뉴 절대 신화'를 무너뜨린 역사적인 사건 '파리 심판'

1960년대 들어서면서 미국은 전 세계 최대 와인 소비국으로 떠올랐으며, 우수한 와인 생산국으로 발돋움하기 위한 단계를 차근차근 밟아갔다. 그러던 중 역사학자들에게 미국을 와인 강국으로 인정할 수밖에 없도록 만든 '파리 심판(Judgment of Paris)' 사건이 일어났다. 1976년의 일이다.

세기의 대결인 '파리 심판'은 프랑스가 자랑하는 명품 와인과 미국 캘리포니아산 와인을 놓고 블라인드 테스트로 맛과 향기, 품질을 겨룬 뒤 평가자들의 채점을 통해 어느 쪽이 나은지 결정하는 형식으로 진행되었다. 참고로, 파리(Paris)를 뜻하는 영어 단어와 그리스 신화에 나오는 트로이 전쟁의 영웅 '파리스(Paris)'의 이름 철자가 같아서 말장난처럼 '파리스의 심판'이라는 별칭으로 사람들 입에 오르내렸다.

이 대결에서 보르도의 샤토 무통 로칠드와 샤토 오브리옹 등이 프랑스산 레드와인으로 제공되었다. 부르고뉴의 명문 와이너리는 화이트와인을 선보였다.

테이스팅 심사위원으로는 모두 프랑스인이 초빙되었다. 미슐랭 별 세 개 레스토랑 오너와 소믈리에, 보르도와 부르고뉴의 저명한 와이너리 경영자급 인사 등 하나같이 내로라하는 와인 업계 거물들이었다.

흥미롭게도, 이 대결에서 예상을 완전히 뒤엎는 놀라운 결과가 나왔다. 세계 최고 명성을 자랑하는 보르도와 부르고뉴를 제치고 레드와인과 화이트와인 모두 캘리포니아산 와인이 1위를 차지했다. 말하자면, 프랑스 와인에 통달한 프랑스인 심사위원들이 자국의 명품 브랜드 와인보다 당시 존재감이 거의 없던 무명 캘리포니아 와인에 더 높은 점수를 준 것이다.

캘리포니아 와인의 승리는 당시 미국을 달군 와인 열기의 승리이기도 했다. 미국에서 와인 열기가 뜨거워진 1960년대에 프랑스 와인만으로는 만족하지 못한 와인 애호가들이 직접 포도 농사를 짓고, 와이너리를 세우고, 와인을 양조하기 시작했던 것이다.

캘리포니아 와인 생산자들은 와인에 '미친' 사람들이라고 해도 될 정도로 와인에 심취했으며, 도전 정신으로 무장한 사람들이었다. 그들은 자신이 가진 지식과 열정을 와인에 아낌없이 쏟아부었다.

오늘날까지 세계적 명성을 유지하는 로버트 몬다비(Robert Mondavi)는 이 시기 미국 와인 제조업자의 전형으로 꼽힌다. 그는 단순히 프랑스 와인 양조법을 모방하는 수준에 만족할 수 없어 최신 설비와 기술로 선진적인 와인 양조법을 개발했다. 그리고 그는 어떤 재질의 어떤 통에 담아야 이상적인 와인이 만들어질지 연구에 연구를 거듭하며 수많은 재질과 모양의 통을 구해 직접 시험했다.

로버트 몬다비로 대표되는 캘리포니아 와인이 일으킨 변화와 혁신은 그로부터 얼마 후 캘리포니아의 실리콘밸리에서 일어난 기술 혁신의 선구자 격으로 인정받을 만하다. 1990년대 이후 실리콘밸리에는 IT 기술 개발에 집중해 스마트폰을 개발한 글로벌 기업 애플의 스티브 잡스(Steve Jobs), 페이스북(현재 메타)의 마크 저커버그(Mark Zuckerberg) 등 이색적인 천재들이 잇달아 등장했다. 그들이 개발한 IT 기술이 평범한 일반인은 도저히 따라잡을 수 없을 만큼 빠른 속도로 진화하고 발전한 것처럼, 1960년대부터 1970년대에 걸쳐 캘리포니아 와인 생산에서도 급진적인 진화

지도 15

캘리포니아의 명산지

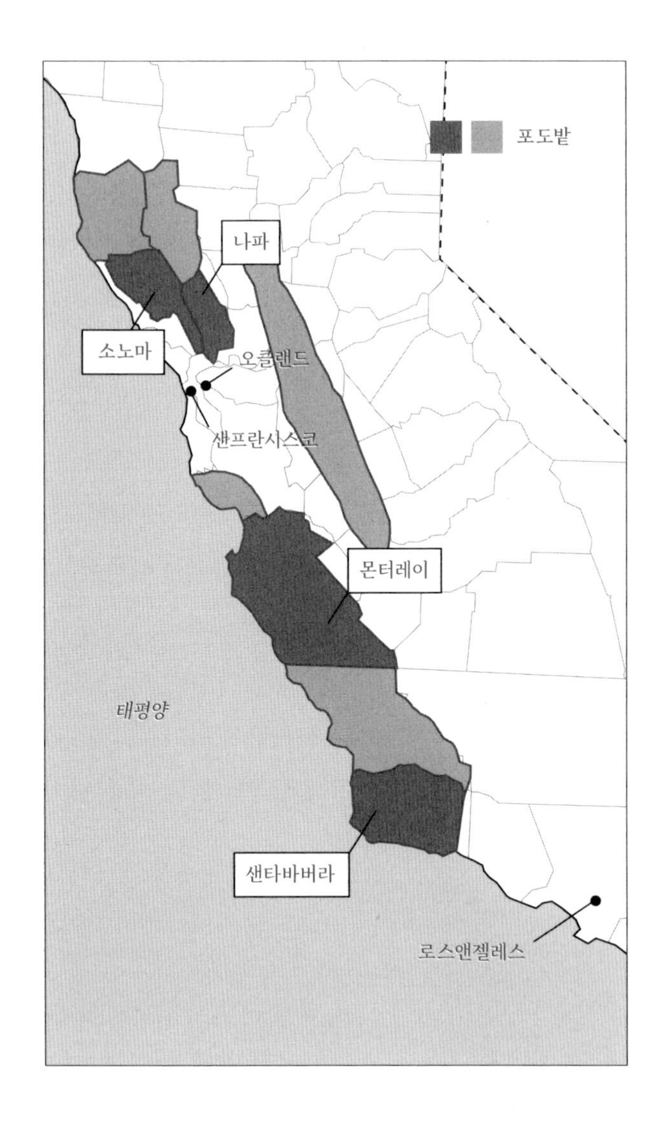

가 이루어졌다.

프랑스 와인은 캘리포니아 와인의 도전에 충격적으로 패배하며 침체기에 들어섰다. 보르도의 유명 샤토와 부르고뉴의 저명한 생산자들이 높은 인지도만 믿고 현실에 안주해 변화와 발전을 위한 노력을 게을리했기 때문이 아닐까.

프랑스 와인 생산자들은 프랑스 와인의 압도적인 지위를 위협하는 존재가 평소 문화적으로 열등하다고 여기며 무시해온 신대륙에서 나오리라고는 꿈에도 생각하지 못했다. 그들은 보르도, 부르고뉴, 샹파뉴 와인이야말로 누구도 넘볼 수 없는 절대 강자라고 믿어왔다. 그 믿음이 '파리 심판'의 치욕적인 패배로 단번에 산산이 부서졌다.

프랑스 5대 샤토 소유주 중에는 자존심이 짓밟히는 뼈아픈 사건을 겸허히 받아들인 사람도 있었다. 바로 샤토 무통 로칠드의 소유주 필리프 드 로칠드(Philippe de Rothschild)다. 로칠드는 로버트 몬다비에게 다가가 손을 내밀었고, 두 사람은 의기투합해 '오퍼스 원 와이너리(Opus One Winery)'를 합병 형식으로 발족했다. 이 와이너리에서 생산된 와인이 '오퍼스 원'이다. 이 와인의 라벨에는 두 창업자의 옆얼굴이 실루엣으로 그려져 있다.

'파리 심판'은 세계 각지의 와인 생산자들을 강렬하게 자극했다. 캘리포니아에서 일어난 기적 같은 일이 다른 지역에서도 일어나지 말라는 법은 없기 때문이다. 이 세기의 대결 이후 세계 각지에서 프랑스 와인, 캘리포니아 와인에 뒤지지 않는 최고 품질의 와인을 생산하기 위한 적극적인 노력이 시작됐다.

## ‘버라이어털 와인’으로 보르도·부르고뉴 명품 와인의 아성에 도전장을 던진 신흥 와인 강국 미국

새로운 와인 대국으로 자리매김한 미국이 다채로움을 무기로 삼아 생산하는 와인에는 한 가지 뚜렷한 특징이 있다. 그것은 바로 ‘다채로움(varietal)’이다. ‘버라이어털 와인(varietal wine)’이라고 불리는 이 와인은 프랑스를 대표로 하는 유럽 와인이 오랫동안 쌓아온 전통과 명성을 위협했다.

‘버라이어털’이란 프랑스어로 ‘세파주(cepages)’라고 불린다. ‘세파주’는 포도 품종을 뜻한다. 버라이어털 와인에서는 라벨에 생산자 이름, 빈티지(양조 연도)와 함께 포도 품종을 표기한다. 생산지는 기재하지 않더라도 포도 품종만은 확실하게 쓰는 경향이 있다.

최근 대형 마트나 주류 판매점을 방문하면 ‘카베르네 소비뇽(Cabernet Sauvignon)’, ‘메를로(Merlot)’, ‘말베크(Malbec)’ 등의 포도 품종 이름이 라벨에 표시된 와인을 만날 수 있다. 어쩌면 포도가 주원료인 와인에 포도 품종을 표시하는 것이 상식처럼 여겨질 수도 있지만, 뜻밖에도 이것은 그리 오래되지 않은 새로운 전통이다.

미국에서 와인 문화가 본격적으로 자리 잡기 전, 유럽에서는 와인병에 표기된 생산자와 생산지명을 보고 와인을 구매하는 것이 상식이었다. 특히 부르고뉴에서는 마을 이름, 밭 이름이 무엇보다 중요한 확인 사항이었다. 극단적으로 말하면, 같은 부르고뉴 와인이라도 ‘샹베르탱’이라고 기재돼 있으면 높은 가격을 받고, ‘상트네(Santenay)’라고 적혀 있으면 저평가받는 경향이 있었다.

보르도 와인의 경우, 가장 중요한 요소는 샤토 이름이다. 보르도의 샤토에서는 단일 품종이 아닌 여러 품종의 포도를 섞어 와인을 양조했다. 보르도에는 카베르네 소비뇽을 중심으로 하는 샤토도 있지만, 메를로가 주축인 샤토도 있다. 그 밖에 몇 가지 품종을 혼합해서 샤토의 독자적인 맛을 내기도 한다.

반면 캘리포니아의 와인 생산자들은 밭 이름을 중시하지 않았다. 또한 그들은 여러 품종의 포도를 한데 섞지도 않았다. 그들은 단일 품종으로 와인을 양조하며 돌파구를 찾았다.

유럽 와인은 높디높은 진입 장벽이 문제로 제기되었다. 유럽 와인을 제대로 즐기려면 어느 정도 공부해야만 가능하다. 예를 들어, 보르도에는 수많은 샤토가 존재한다. 메독 지구의 샤토라면 그나마 마을 이름이 붙어 있어 알아보기 어렵지 않지만, 다른 지구의 보르도 와인은 어느 샤토가 상대적으로 우수한지 판단하기 어렵다.

부르고뉴 와인으로 넘어가면 한층 복잡해진다. 예컨대, 본 로마네 마을에만 20개가 넘는 유명한 구획이 있다. 이 중 하나의 구획을 열 명 남짓한 생산자가 분할 소유하기도 한다. 그래서 어느 정도 지식을 갖추지 못하면 섣불리 부르고뉴 와인에 접근조차 하기 어렵다.

그에 반해 미국의 버라이어털 와인은 이해하기 쉽다. 와인 양조에 사용한 포도 품종이 정해져 있어 품종만 정확히 알면 그 포도로 양조한 와인이 어떤 맛을 낼지 예상할 수 있다. 포도 품종을 와인 선택의 지침으로 삼으면 되기 때문이다. 예를 들어, 말베

캘리포니아의 와인 생산자들은 밭 이름을 중시하지 않았다.
그들은 여러 품종의 포도를 한데 섞지도 않았다.
그들은 단일 품종으로 와인을 양조하며 돌파구를 찾았다.

캘리포니아주 세인트헬레나의 펠렛 와이너리

크 품종 와인 맛이 마음에 들 경우 '말베크'라고 표기된 버라이어털 와인을 찾으면 실패 확률을 줄일 수 있다. 버라이어털 와인이라면 와인을 선택하는 과정에 쓸데없이 골머리를 썩지 않아도 된다. 와인에 대한 충분한 지식이 없어도 얼마든지 맛있는 와인 맛을 즐길 수 있기에 와인 신흥국에서 버라이어털 와인은 하나의 확실한 돌파구가 되어주었다.

미국은 전통과 무관한 신흥국이었기에 버라이어털 와인이 탄생할 수 있었다. 미국은 유럽에서 이민 온 사람들이 세운 나라이지만, 유럽의 오랜 전통을 하나의 악습으로 보고 거리두기 정책을 고수해왔다. 미국은 전문가가 아닌 일반인의 접근을 허용하지 않는 유럽식 와인과 다른 길을 걷기 위해 버라이어털 와인을 탄생시켰다고도 볼 수 있다.

## 로버트 파커로 대표되는 미국의 와인 지배가 세계 와인 문화의 '양날의 검'일 수밖에 없는 이유

20세기 후반, 미국은 와인 생산 대국이자 소비 대국으로 성장했다. 미국은 새로운 와인 생산 대국으로 자리 잡기 전 이미 세계 와인 시장을 지배했다. 여기에는 불세출의 와인 평론가 로버트 파커의 공이 컸다. 파커는 와인의 완성도를 수치화하는 획기적인 시도에 나서 큰 성공을 거두었다.

파커가 등장하기 전에도 보르도에는 메독 지구 등급제가 존재했다. 부르고뉴에서도 그랑 크뤼(Grands Crus, 특등급), 프리미에 크뤼(premiers crus, 1등급) 등 구분이 지어졌으나 제대로 된 구분은 아니었다. 당시만 해도 개별 와인에 점수를 매겨 구분하지 않았기 때문이다. 와인을 신성시하는 유럽인들에게 와인 점수제는 불경한 행위로 여겨질 수도 있는 일이었다.

미국인인 로버트 파커는 100점 만점으로 모든 와인을 과감하게 채점하기 시작했다. 그는 거침이 없었다. 때로는 보르도에서 가장 유명한 샤토의 와인조차 형편없다고 비판했기에 그의 비평에서는 생생한 현실감이 느껴졌다. '파커 점수'가 미국은 물론 전 세계적으로 받아들여질 수 있었던 것은 이런 점 때문이었다.

로버트 파커는 소비자를 위해 많은 와인에 점수를 매겨 평가했다. 소비자는 셀 수 없이 많은 와인 중에서 어떤 와인을 선택해야 할지 명확한 기준이 있어야 하는데, 그 기준을 몰라 고민하게 된다. 특별한 날 큰마음 먹고 좋은 품질의 와인을 구매하려 할 때는 더더욱 고민스럽고 선택을 망설이게 된다. 5만 원에서 10만 원대 가격의 와인을 구매할 때 실패하지 않으려면 더 많은 정보가 필요하다.

그런데 기껏 어렵게 모은 정보가 별 도움이 되지 않을 때가 자주 있었다. 소매점과 와인바에서는 애써 입고시킨 와인을 팔지 못하면 먹고살 수 없기에 가게에 진열해둔 와인을 감히 비판하지 못했다. 그러나 제삼자가 그 와인들에 점수를 매긴다면 어떨까? 소비자는 그 점수를 하나의 중요한 판단 근거로 삼을 수 있다.

로버트 파커가 태어나서 자란 미국은 실력주의를 표방해 겉 포장보다 내용물을 중시했기에 파커는 과감히 와인 점수제를 시도할 수 있었다. 열정적인 와인 마니아였던 파커는 실력주의 신봉자로, 겉모습이나 배경보다는 품질과 내실이 훨씬 중요하다고 믿었다.

파커의 와인 평점제가 지지를 받으면서, 그가 매긴 와인 평점이 미국을 넘어 전 세계 와인 업계를 지배하기 시작했다. 예를 들어, 새로 출시된 와인이 파커 평점 95점을 받으면 그 와인은 단숨에 명품 와인으로 인정받았다. 그와 비례해 가격도 치솟았다. 무명의 와인이라도 파커가 높이 평가하면 '신데렐라 와인', '라이징 스타'로 떠올랐다. 반대로, 파커에게 낮은 점수를 받아 와인 매출이 곤두박질치는 일도 비일비재했다.

파커 평점은 와인의 본고장 프랑스, 그중에서도 특히 보르도를 지배했다. 초창기 보르도의 유명 샤토들은 파커 방식에 상당히 회의적이고 비판적인 입장을 취했다. 그러다가 차츰 보르도에서도 파커 평점을 환영하기 시작했고, 더 나아가 그를 절실히 필요로 했다. 파커에게 높은 점수를 받으면 이내 샤토의 높은 인기로 이어졌으며, 그에 비례해 와인 가격도 껑충 뛰어 돈방석에 앉을 수 있기 때문이었다. 이런 메커니즘과 파커의 높은 평가 덕분에 보르도 와인의 명성은 더욱더 높아졌고, 더 많은 수익을 올릴 수 있는 선순환 구조가 만들어졌다.

'와인의 제왕'으로 추앙받아온 로버트 파커가 구축한 와인 평가 방식은 미국이 주도하는 세계 와인 문화를 상징한다. 미국인인 파커의 평가 방식이 전 세계 와인의 기준으로 확고하게 자리 잡았기 때문이다.

로버트 파커는 인구가 5,000명이 채 되지 않는 작은 도시에서 어머니가 손수 요리해준 미트로프와 프라이드치킨, 머랭파이 등의 미국 음식을 일상적으로 먹으며 자랐다. 미국 중산층을 대변하는 식생활을 하며 성장한 그에게는 '미국인의 혀'가 히든카드로 자리하고 있는 셈이었다. 그리고 그 미국인의 혀가 전 세계에서 하나의 표준으로 자리 잡았기에 미국이 주도하는 와인 지배가 시작될 수 있었다. 파커가 세상을 떠나면 새로운 파커가 등장해 그의 지배를 이어가지 않을까.

미국이 이끄는 와인 세계 지배는 와인의 품질을 상향 평준화했다. 실제로 로버트 파커에게 높은 점수를 받기 위해 프랑스를 비롯한 전 세계의 와인 생산자들이 고군분투했다. 이런 분위기 속에서 오랫동안 안락한 현실에 안주하던 보르도의 유명 샤토 역시 과감한 개혁에 나서지 않을 수 없었다.

그러나 다른 한편으로, 파커 점수로 인해 와인 맛이 균질화되고 개성을 잃어버렸다는 뼈아픈 지적도 있다. 많은 와인 생산자가 파커에게 높은 점수를 받으려고 애를 쓰면 쓸수록 파커 취향의 맛, 미국인이 선호하는 맛의 와인이 생산될 수밖에 없었다. 그것은 바로 강력하고(strong) 풍미 넘치는(rich) 와인이다. 파커의 취향과 다른 스타일의 와인은 일부 마니아가 특별히 선택해 마시지 않는 한 소멸의 길을 걸을 수밖에 없다. 로버트 파커로 파생된 미국 와인의 세계 지배는 다양성을 해치는 양날의 검이 되고 있다고 말할 수밖에 없다.

## 1970년대부터 시작된 부르고뉴 와인의 개성화 프로젝트

와인 원산지라 할 수 있는 유럽에서도 와인 세계에 지각 변동이 일어나기 시작했다. 1970년대 상황이다. 그중 하나가 일부 국가, 일부 지역에서 본격적으로 추진된 '와인 개성화'였다. 이런 변화의 물결은 특히 부르고뉴 지역에서 뚜렷하게 관찰되었다.

1970년대까지 부르고뉴 와인 비즈니스의 주역은 '네고시앙(Négociant)'이라고 불리는 주류업자들이었다. 네고시앙들은 부르고뉴 포도를 재배하고 와인을 생산하는 농가에서 양조된 와인을 대량으로 사들인 뒤 병에 담아 자사 브랜드로 만들어 전 세계에 판매했다.

그러다가 1980년대에 접어들면서 부르고뉴에서 '도멘'이 하나둘 생겨났고, 시간이 지나면서 점점 수가 많아졌다. 도멘이란 자신이 양조한 와인을 하나의 작품처럼 여기며 판매까지 담당하는 생산자를 의미한다.

프랑스 부르고뉴 지역에서 '도멘'이 등장한 데는 어떤 배경과 의미가 있을까? 이는 다양성과 고유성을 거세한 미국 와인이 세계를 지배하는 현상에 반발하는 흐름의 연장선에서 개성 있는 와인을 추구하는 생산자가 등장했기 때문으로 볼 수 있다. 네고시앙은 무엇보다 수익을 우선시했기에, 언제나 맛이 일정한 와인을 주력 상품으로 삼았다. 그 과정에서 도멘이 등장하면서 토지를 반영한 한층 개성 있는 풍미를 지닌 와인이 등장하기 시작했다. 이런 와인들은 이내 프랑스와 유럽을 넘어 전 세계적으로 인기를 끌었다.

와인의 세계, 특히 명품 와인의 세계는 이미 미국이라는 새로운 거대 시장이 탄생하면서 균형추가 바뀌었다. 여기에 더해 거품 경제로 엄청난 경기 활황 추세를 보인 일본 국민들이 새로운 주요 고객으로 와인 세계에 뛰어들기 시작했다. 이런 식으로 시장에 새로운 수요가 생겨나자 와인 세계 일부에서는 신규 고객층을 사로잡기 위해 개성화 전략을 추구했다.

프랑스 와인 업계의 개성화 전략을 무력화시키기 위해 온 힘을 다해 노력한 이들이 있다. 바로 발포성 와인인 '샴페인' 업계다. 그때까지만 해도 샴페인 업계는 '네고시마니퓔랑(Négociant-Manipulant)' 체제로 대기업의 독점 지배 형식에 가까웠다. 네고시앙마니퓔랑들은 생산 농가에서 포도를 그러모아 샴페인을 대량 제조해 세상에 선보였다. 모엣&샹동, 뵈브 클리코(Veuve Clicquot), 크룩(Krug) 등의 샴페인 하우스는 프랑스의 거대 복합기업 LVHM(모엣 헤네시·루이뷔통)의 구성 기업이기도 하다.

최근 샴페인 업계의 이러한 흐름에 변화의 바람이 불기 시작했다. '레콜탕 마니퓔랑(Récoltant-Manipulant)'이라는 소규모 생산 농가가 독자적으로 포도 재배부터 병입 작업에 이르기까지 모든 과정을 마무리하는 경향이 나타났다. 소규모 생산자들이 양조하는 샴페인은 대기업 제품에는 존재하지 않는 개성 있는 맛으로 샴페인의 새로운 흐름을 만들어낸다.

## 1970년대 후반 이후
## 이탈리아 와인의 존재감이 커진 이유

와인 업계에 쓰나미처럼 밀려든 변화의 물결은 프랑스 국경을 넘어 이탈리아에도 흘러들었다. 1970년대 상황이다. 온갖 노력과 시행착오 끝에 이탈리아가 와인 대국으로 성장하면서 프랑스 와인과 어깨를 견줄 정도로 품질이 뛰어나고 개성 만점인 와인을 생산하기 시작한 것이다.

19세기 중반까지만 해도 이탈리아 와인은 대부분 명품 와인은 고사하고 평범한 수준을 벗어나지 못했다. 19세기 중반 리소르지멘토 운동 당시 와인 개혁이 시도되었다고는 하나, 이탈리아 와인 자체가 제대로 된 브랜드로 완성되지 못했다.

1970년대 후반 이탈리아 와인 산업에 본격적으로 개혁의 물결이 밀어닥쳤다. 그리고 이후 오늘날의 이탈리아 와인 풍경과 개성이 만들어졌다고 볼 수 있다. 이탈리아 각 지방에서 개성적인 와인이 탄생했으며, 전체적으로 품질이 상향 평준화되었다.

이탈리아 사회 체제 변혁이 와인 업계에도 새로운 변화의 바람을 몰고 왔다. 이탈리아는 전통적인 농업 사회였는데, 생산성 면에서 비효율적이었다. 1990년대 전후를 기준으로, 이탈리아의 밀 생산량은 1헥타르당 1,082리터였는데, 프랑스는 1,554리터, 영국은 2,826리터였다. 이탈리아 농업 생산의 비효율성은 포도 재배, 와인 생산도 예외가 아니었기에 이탈리아 와인 산업은 성장이 정체할 수밖에 없었다.

이탈리아 농업의 기본은 '메차드리아(mezzadria)'라는 소작 제도였다. 이는 소작농이 일정한 비율로 소작지에서 산출된 생산물을 지주에게 분배받는 방식으로 작동했다. 이 제도는 소작인이 토지를 소유할 수 없고, 지주의 토지를 빌려서 경작한 뒤 수확물과 수익의 절반을 지주에게 지대 명목으로 바치는 방식으로 운용되었다. 소작인은 지주의 토지 안에 토굴 수준의 오두막을 지어 살아야 할 정도로 가난하고 비참한 처지였다. 베르나르도 베르톨루치(Bernardo Bertolucci) 감독의 영화 〈1900년(Novecento)〉(1976)에서 그려진 이탈리아 북부 지역 에밀리아로마냐주(Emilia-Romagna)의 아름답고도 불합리하기 짝이 없는 기묘한 농촌 풍경은 지주와 지주의 수족처럼 부려지는 소작인의 미묘한 관계 위에 성립했다.

이탈리아 농촌의 모습은 제2차 세계대전 후에야 비로소 변화의 조짐이 나타나기 시작했다. 1958년부터 1963년에 걸쳐 이탈리아의 평균 경제 성장률은 6.3퍼센트에 달했는데, 눈부신 경제 성장 이면에는 그때까지 볼 수 없었던 이탈리아의 모습이 있었다. 그 무렵 이탈리아 소작인들은 대도시로 나가 공장에서 일하며 과거에 비해 한결 여유롭게 살림을 꾸려나갈 정도로 형편이 나아지기도 했다.

정부는 기존 소작인이 경제적으로 자립할 수 있도록 다양한 정책을 시행하고 특별 혜택도 제공했다. 이런 식으로 지주의 몫이 줄어들면서 지주도 소작인을 부려 농사짓는 일의 한계를 절감했다.

이처럼 이탈리아의 농촌이 대대적으로 재편되던 시기에 시야가 트이면서 의욕적인 생산자가 등장하기 시작했다. 이 선구적인 생산자들은 좀 더 나은 품질의 와인을 세상에 내놓아 성공하겠다는 꿈을 꾸었다. 그들의 열정이 이탈리아 와인이 정체에서 벗어나는 동력과 추진력이 되었다.

이탈리아에서 가장 극적으로 변신에 성공한 와인 중 하나로 브루넬로 디 몬탈치노(Brunello di Montalcino)를 꼽을 수 있다. 그런데 사실 1970년대까지만 해도 브루넬로 디 몬탈치노는 대중적으로 거의 알려지지 않은 브랜드였다. 실제로 1960년대 후반 브루넬로 디 몬탈치노의 밭은 80헥타르도 되지 않았으나 2000년대에 2,000헥타르까지 늘어났으며, 여전히 규모는 작지만 내실 있는 와인 생산자로 국제적인 명성을 얻었다.

이탈리아 와인 산업의 변화와 혁신의 기수로 인정받는 북이탈리아 프리울리(Friuli)도 빼놓을 수 없다. 프리울리에서는 프리울라노(Friulano)와 리볼라 잘라(Ribolla Gialla) 품종으로 화이트와인을 생산했다. 숙련된 기술을 가진 프리울리의 생산자들은 리볼라 잘라 품종으로 개성 넘치는 와인을 양조했다.

기술과 열정을 모두 갖춘 프리울리 생산자들은 메를로의 레드와인에 화이트와인이 지닌 개성을 부여했고, 리볼라 잘라 화이트와인에 레드와인이 갖춘 풍미를 가미해 멋지게 연출했다. 레드와인과 같은 풍미를 지닌 리볼라 잘라 화이트와인은 오늘날 오렌지와인(Orange Wine)의 효시로 인정받는다.

바롤로, 바르바레스코에서도 대대적인 개혁운동이 일어났다. 그때까지 바롤로에서는 큰 통에 와인을 장기 숙성하는 스타일이 일반적이었다. 그런데 개혁가들이 등장해 보르도와 부르고뉴에서 일반적이었던 '바리크'라는 작은 통을 사용했다. 그리고 개혁파들은 1~2개월 걸리던 포도 껍질 침지(浸漬)를 2~3주로 단축했다.

**프리울리의 리볼라 잘라**

개성 넘치는 화이트와인이 들려주는 이야기

북이탈리아의 프리울리는 예전에는 이름이 거의 알려지지 않은 생산지였다. 이 지역에서 재배되던 리볼라 잘라 품종으로 만든 화이트와인은 뭔가 빠진 듯 밋밋하고 무난한 맛이라는 평가를 받았다. 그러나 이탈리아 와인 변혁 시대에 스타니슬라오 라디콘(Stanislao Radikon), 요스코 그라브너(Josko Gravner) 등 급진적인 개혁가들이 등장해 리볼라 잘라 품종으로 양조한 화이트와인에 극적인 변화를 불러일으켰다. 이들은 세계 어느 나라 어느 지역에서도 찾아볼 수 없는 독특하고 개성 있는 농밀한 맛을 창조했고, 소비자들은 생산자의 열정을 생생히 느낄 수 있었다. 이 개혁가들이 일군 성공 사례는 이탈리아 와인이 각지에서 얼마나 개성을 추구했는지 상징하는 중요한 사건이다.

그라브너의 리볼라(2012년)
사진 제공: (주)Vinaiota

이탈리아 와인 개혁가들의 온갖 노력 끝에 모던 바롤로가 탄생했다. 모던 바롤로는 전통적인 바롤로보다 빨리 마실 수 있으며, 맛과 향도 훨씬 섬세하고 우아했다. 현대에는 모던 바롤로와 전통적인 바롤로의 장점을 절충하는 생산자도 등장하고 있다.

## 플라자 합의가 일본인들이 프랑스 명품 와인 등에 눈뜨게 한 결정적 계기가 된 이유

20세기 후반, 일본은 미국의 뒤를 이어 와인 신흥 강국으로 발돋움했다. 21세기에 들어선 이후에도 일본의 와인 소비량은 프랑스, 이탈리아 등의 유럽 국가나 미국 등의 서구권과 비교하면 미미했다. 비록 세계적 경제 대국이 되었으나 '와인 대국'이라고 부르기는 어려운 수준이었다. 그럼에도 일본은 21세기 와인 세계에 무시하지 못할 정도의 막강한 영향력을 발휘하고 있다.

어째서일까? 그 이유 중 하나로, 상대적으로 '높은 와인 금액'을 꼽을 수 있다. 일본은 비록 총소비량 면에서는 순위가 낮은 편이지만 와인 수입 금액이 매우 높기 때문이다. 와인 수입 금액 측면에서만 보면 일본은 머지않아 세계 5위에 올라서려는 상황이다. 게다가 샹파뉴, 부르고뉴 와인은 미국과 영국의 뒤를 이어 일본이 세계 3위 수입국이고, 보르도 와인은 세계 5위 수입국이다. 이런 식으로 일본은 세계 명품 와인 시장에 만만치 않은 영향력을 발휘하고 있다.

일본은 세계적인 경제 대국 반열에 올라서면서 명품 와인에 특화된 와인 대국으로 성장하고 자리매김했다. 한때 눈부셨던 일본의 경제 번영이 그대로 와인 문화 발전으로 이어진 셈이었다. 일본은 미국과 마찬가지로 1960년대 괄목할 만한 경제 성장을 이루었는데, 1968년 서독을 제치고 세계 2위 경제 대국으로 올라섰다. 그러나 1960~1970년대까지도 일본인들은 와인을 그다지 즐겨 마시지 않았다.

이유가 뭘까? 그것은 바로 당시의 '엔저 현상' 때문이었다. 1970년대에 어느 정도 시정되었다고는 하지만 여전히 뚜렷한 엔저 현상이 있었다. 그런 상황에서 대다수 일본인은 해외 사정에 예민하게 눈뜨지 못했고, 프랑스 와인을 비롯한 수입 명품 와인을 맛볼 기회조차 거의 없었다.

당시 일본에는 와인의 강력한 경쟁자가 많았다. 와인은 일본 주류 시장에서 청주, 소주, 맥주, 위스키 등 전통적인 경쟁자와 겨뤄야 했다. 1970~1980년대 사업가 등 경제력이 뒷받침되고 사회적으로 잘나가는 사람들은 위스키를 주로 마셨다. 그리고 1980년대부터는 소주 등의 증류주에 과즙을 넣은 사와(sour), 소주에 탄산수와 과즙을 섞은 주하이(酎ハイ) 등의 일본식 칵테일까지 등장했다.

이 시대에 일본 와인을 이끈 주체는 일본 국내 기업들이었다. 당시 일본 양주 기업이 내놓은, 한 병에 1만 원 정도의 값싼 국산 와인을 주로 마셨다. 그러다가 1980년대 들어서면서 잇쇼빙(一

升瓶, 약 1,800밀리리터)이라는 와인을 즐겨 마셨다. 당시에는 이런 종류의 대용량 와인을 즐겨 마시다가 자기도 모르는 사이 와인 애호가가 된 사람이 많다.

그러던 중 1985년 플라자 합의(Plaza Accord)로 상황이 급변하기 시작했다. 플라자 합의란 뉴욕 플라자 호텔에서 일본, 미국, 프랑스, 서독, 영국 5개국 재무장관, 중앙은행 총재가 모여 엔화 인상을 결정한 회의다.

1970~1980년대 미국과 유럽 국가들은 고유가를 극복하지 못해 고통을 겪었다. 그러나 일본 기업들은 야심 찬 혁신의 길로 나섰고, 일본 경제는 전 세계에서 가장 건실한 기반을 닦았으며, 엔화 인상을 요구하는 목소리가 높아졌다. 이 합의로 1달러=240엔 전후 수준을 유지해온 엔화 환율이 1987년에는 1달러=120엔 전후로 크게 달라졌다.

이렇듯 급격한 엔고가 일본인의 소비 행동과 패턴을 바꿔놓았다. 이 무렵부터 일본인은 적극적으로 해외여행에 나섰으며, 현지에서 고급스러운 와인을 사서 마셨고, 프랑스·이탈리아 명품 와인 맛에 매료되었다. 세계 각지의 와인이 흘러들면서 일본인들은 와인 맛의 차이를 조금씩 알아갔다. 미국인이 1960년대에 경험한 일을 일본인은 1980년대부터 천천히 시간을 들여 경험한 셈이었다.

이렇게 일본은 근대에 서구 이외 국가, 즉 비기독교권에서는 역사상 처음으로 와인에 강렬한 관심과 열정을 가진 나라로 거듭났다.

## 『소믈리에』『신의 물방울』 등의 만화로 전 세계 와인 문화에 강력한 영향력을 발휘하는 일본

한때 미국이 그랬던 것처럼, 일본에 와인 문화가 뿌리내림에 따라 일본에서도 직접 와인을 생산하기 시작했다. 다만 일본은 미국과 출발선이 달랐다. 연간 강우량이 많은 데다 가을 수확기에 태풍이 자주 국토를 유린하는 일본의 지리와 풍토가 와인 생산에 기본적으로 적합하지 않았기 때문이다. 일본에서 와인을 제대로 양조하기 어렵다고 판단한 사람들은 유럽 여러 나라와 미국, 뉴질랜드 등으로 건너가 와인을 양조하기 시작했다. 그 결과, 오래지 않아 국제적 명성을 얻는 와인 생산자도 등장했다.

그런가 하면 해외로 직접 진출하는 대신 해외에 있는 유명 와이너리에 자본을 투자하는 일본 회사도 등장했다. 일본에서는 백화점으로 유명한 다카시마야(高島屋)가 대표적인 예다. 다카시마야는 부르고뉴의 르루아에 자본을 투자하고, 합작 형태로 도멘 르루아(Domaine Leroy)를 설립했다.

도멘 르루아는 부르고뉴 와인의 살아 있는 전설이라 불리는 랄루 비즈르루아(Lalou Bize-Leroy) 여사를 위해 설립된 기업이다. 비즈르루아 여사는 도멘 드 라 로마네콩티의 공동 경영자로, 부르고뉴 각지 유명한 밭의 개성을 최대치로 끌어내겠다는 사명감을 갖고 이를 실천한 인물이다. 이 부르고뉴 와인의 여걸에게 다카시마야가 거액의 자본을 투자하면서 르루아 와인은 세계 최고 명성을 가진 와인 중 하나로 자리매김했다.

한편, 일본 내에서도 일본 풍토에 적합한 포도 품종을 선별해 와인을 양조하기 시작했다. 그 과정에서 이루어진 눈부신 기술 혁신이 큰 힘이 되었다. 그 당시 일본 와인 생산자는 400곳이 넘었다. 일본 와인의 품질이 꾸준히 향상되어 최근에는 국제 경쟁력을 갖출 정도 수준에 도달하고 있다.

미국에서 전설적인 와인 평론가 로버트 파커가 등장하여 한 시대를 풍미했듯, 일본에서도 본격적인 와인 비평 토양이 형성되었다. 일본을 대표하는 문화 산업 중 하나인 만화가 일본에서 와인 비평의 문을 활짝 열었다. 그 주역으로 1996년부터 연재를 시작해 인기를 끈 『소믈리에』[원작 조 아라키(城アラキ), 감수 호리 겐이치(堀賢一), 작화 가이타니 시노부(甲斐谷忍)]와 2004년부터 연재를 시작해 선풍적인 인기를 누린 『신의 물방울』[원작 아키 다다시(亜樹直), 작화 오키모토 슈(オキモトシュウ)]을 꼽을 수 있다.

일본 만화에는 뚜렷한 특징이 있다. 와인 세계에 정통한 만화가가 자기 작품 속에서 특정 와인을 소개하고, 동시에 와인 문화의 본질을 대중에게 넌지시 이야기하거나 묻는 형식이다. 또 어느 만화에서는 로버트 파커로 추정되는 한 인물이 등장해 본질을 망각한 점수 지상주의를 노골적으로 드러내는데, 만화가는 일본인 소믈리에의 입을 빌려 이런 현상을 비판한다.

만화 『소믈리에』와 『신의 물방울』은 일본에서만 선풍적인 인기를 끈 것이 아니다. 이 두 작품은 한국을 비롯한 세계 여러 나라에서 번역 출간되어 높은 인기를 얻었다. 개인적으로, 필자는 와인의 본고장으로 인정받는 프랑스 본 지방을 여행하던 중 프랑스어로 번역된 『소믈리에』와 『신의 물방울』을 발견하고 깜짝 놀란 적이 있다. 일본 와인 만화는 전 세계에 독특한 방식으로 영향력을 발휘한다.

**도멘 르루아**

**마담 르루아 사후 어떤 일이 벌어질까**

랄루 비즈르루아 여사에 의해 탄생한 와인에는 신화와도 같은 이야기가 전해진다. 탄탄한 근육질 몸매를 연상케 하는 와인이면서 기품이 넘치는 관능미가 살아 있고, 마시는 사람의 몸과 마음을 쥐락펴락하는 느낌을 주는 신묘한 와인이다. 필자의 경험으로도 이만큼 대단한 와인을 찾아보기 어려울 정도다.

문제는 르루아 여사의 나이다. 이미 상당한 고령이라서 그녀의 후계자가 과연 그녀가 양조한 와인에 필적할 만한 와인을 내놓을 수 있느냐가 관건이다. 만약 후계자의 실력과 명성이 르루아 여사에 미치지 못하면 그녀의 와인은 하나의 전설로 남을 것이고, 그 와인을 한 병이라도 구해 마셔보기 위해 전 세계 와인 애호가들 사이에 엄청난 각축전이 벌어질 가능성이 크다.

도멘 르루아의 본로마네 '레 보몽(Les Beaux Monts)'(2011년)

사진 제공: 굿 리브(グッドリブ)

일본에서 본격적으로 와인 평가와 비평을 싣기 시작한 잡지로는 2002년에 창간된 『리얼 와인 가이드(リアルワインガイド)』를 꼽을 수 있다. 이 잡지는 주로 부르고뉴 명품 와인과 3만 원대 이하의 상대적으로 저렴하면서도 맛이 좋은 일본 와인을 평가 대상으로 삼는다.

애초에 『리얼 와인 가이드』는 일본인을 위한 와인 평가 잡지로 출발했다. 로버트 파커가 프라이드치킨에 익숙한 미국인의 혀로 와인을 비평하는 데 비해 이 잡지는 일본식 된장과 간장, (라멘을 포함한) 가다랑어포에 길든 일본인 대중의 혀로 평가한다. 이렇듯 일본인을 위한 잡지로 출발하고 운영되는데, 흥미롭게도 이 잡지에서 높은 평점을 얻은 부르고뉴 와인 대다수가 가격이 급상승하는 현상이 나타났다. 와인 전문 잡지에서 출발해 이제는 일본의 영향력이 전 세계로 뻗어나가고 있다.

## 일본이 보졸레 누보를 가장 사랑하는 국가가 된 흥미로운 이유

일본인의 와인 소비량은 세계적으로 보면 그리 대단한 수준이 아니다. 그럼에도 보졸레 누보(Beaujolais nouveau)에 관해서는 와인 본고장 프랑스를 넘어서는 수준으로 열렬한 관심과 애정을 보인다. 오늘날에는 일본에서 보졸레 누보의 수요가 점차 줄어들고 있지만, 여전히 전 세계에서 일본만큼 보졸레 누보를 많이 소비하는 나라도 없을 정도다.

넓은 의미에서 보졸레는 부르고뉴에 속한다. '황금 언덕'이라는 별칭으로 불리는 코트 도르에서 거의 남쪽 끝 지역에 자리 잡고 있다. 보졸레에서 재배된 포도는 열에 여덟아홉은 가메 품종이다. 중세 시대에 가메는 부르고뉴 군주들의 간택을 받지 못했는데, 보졸레는 '미운 오리 새끼'와도 같은 이 포도를 뚝심 있게 주재료로 사용해 인기 있는 상품을 생산해냈다.

보졸레에서 수확한 포도로 양조한 와인을 '보졸레 누보'라고 부른다. 보졸레 누보라는 상품명이 제대로 인정받기 시작한 것은 1960년대로, 그리 오래되지 않았다. 이후 매년 11월 셋째 주 목요일 이후 시장에 출하되었다. 보졸레 누보가 출시되면 파리 시민들은 경쟁이라도 하듯 달려들었다. 그 뒤를 이어 뉴욕에서도 인기를 끌었으나, 그리 오래가지는 못했다.

그 후 1980년대 일본 경제가 최고 활황기에 접어들면서 일본이 보졸레 누보의 세계에 뛰어들었다. 보졸레 누보는 어떻게 일본에서 선풍적인 인기를 누리게 되었을까? 당시만 해도 보졸레 누보를 제외하면 비교적 합리적인 가격에 맘 놓고 구매할 수 있는 수입 와인을 찾기 어려웠기 때문이다. 수입 와인이라고 해봐야 검은 고양이 그림으로 유명한 독일 '슈바르체 카츠(Schwarze Katz)'와 포르투갈의 '마테우스(Mateus)' 정도였고, 프랑스 와인은 일반 대중이 사서 마실 수 있는 수준이 아니었다. 그러던 중 프랑스 와인의 하나로 보졸레 누보가 수입 통관 절차를 거쳐 일본으로 들어왔다. 당시 보졸레 누보는 파리에서도 뉴욕에서도 선풍적인 인기를 끌었다는 일화가 광고에 활용되면서 많은 일본인이 보졸레 누보로 프랑스 와인에 입문하는 경향이 생겼다. 보졸레 누보를 마시는 저녁에는 호화로운 만찬이 준비될 정도로 일본인들 사이에서 귀한 대접을 받았다.

시간이 지나면서 일본인의 와인 취향이 보르도와 부르고뉴의 명품 와인으로 넘어간 뒤에도 보졸레 누보는 꾸준히 사랑받았다. 이는 새로운 문물과 문화를 좋아하는 일본인의 국민성만으로는 설명하기 어려운 대목이다. 유럽과의 시차로 인해 일본에서는 매년 전 세계에서 가장 먼저 보졸레 누보 시음 행사가 열린다. 11월 셋째 주 목요일 보졸레 누보를 마시는 행사가 대대적으로 열리는데, 행사가 만들어내는 흥분과 열기는 오래가지 않는다.

일본인 사이에 형성되는 보졸레 누보의 열기는 그저 "일본인은 보졸레 누보를 좋아한다"라는 말로밖에 설명할 길이 없다. 일본인은 보졸레 누보가 지닌 특유의 과일 맛과 산미, 상큼함을 좋아한다.

이는 일본인이 부르고뉴 코트 도르의 피노누아로 양조한 고급 와인을 선호하는 현상과 일맥상통한다. 피노누아와 가메는 완전히 다른 품종인데, 과일 맛, 산미, 청량감, 감칠맛 면에서는 공통 분모가 있다. 현재 부르고뉴의 명문 생산자도 '부르고뉴 파스투그랭(Bourgogne Passetoutgrain)'이라는 이름으로 가메 품종을 사용한 와인을 양조해 일본을 비롯한 여러 나라에서 사랑받는다. 보졸레 누보는 일본인의 입맛에 잘 맞아 일본에서 쉽게 뿌리내렸다.

## 21세기 와인 세계는 어디로 향하는가

21세기 와인 세계는 양극화 경향을 뚜렷하게 나타낸다. 고급 와인 가격은 비정상적인 수준으로 폭등해 일반인은 평생 구경조차 하기 어려운 실정이다. 그러나 한편에서는 한 병에 1만 원대 저렴한 와인이 떨이로 판매된다.

와인 역시 다른 많은 상품처럼 기본적으로 세계 양극화와 연동할 수밖에 없다. 실제로 미국과 중국에서는 천문학적인 수준의 재산을 소유한 부자들이 연이어 등장하고 있다. 그에 반해, 미국에서는 하루 끼니를 걱정해야 할 정도로 가난에 허덕이는 빈곤층이 늘어나고 있다. 한 나라 경제의 허리 역할을 담당하는 중산층은 갈수록 줄어드는 추세다. 이런 현상은 유럽 여러 나라에서도 마찬가지로 일어난다. 첨예한 빈부 격차는 점점 더 뚜렷한 와인 양극화로 이어진다.

명품 와인 가격 폭등 현상은 보르도 5대 샤토와 부르고뉴 도멘 드 라 로마네콩티, 도멘 르루아의 가파른 가격 상승이 상징한다. 5대 샤토의 와인 가격은 한 병당 100만 원을 넘어섰고, 로마네콩티는 한 병당 수천만 원대까지 치솟았다. 명품 와인은 일반인은 상상도 할 수 없는 호화로운 기호품이 되었으며, 그 세계는 철저히 부자들만의 세상이 돼버렸다.

1980년대를 지나 1990년대에 들어서면서 새롭게 부상한 신흥 강대국들의 진출도 와인 가격 폭등에 기름을 부었다. 1990년대 이후 와인 시장에 뛰어들기 시작한 중국이 대표적이다. 특히

2000년대 들어 새롭게 탄생한 중국 부유층은 명품 와인 맛을 알게 되자 본격적으로 사들여 선물용 등으로 사용하기 시작했다. 원유 가격 인상을 배경으로 경제가 침체기를 거쳐 활황기로 접어든 러시아 역시 한때 명품 와인 시장에서 큰손으로 인정받았다.

최근 부르고뉴 와인 가격이 전체적으로 상승한 현상은 전 세계적으로 음식 문화의 변화에 발맞춘 새로운 경향이라고 할 만하다. 20세기 후반, 프랑스 요리로 대표되는 진하고 깊은 맛을 내는 요리가 전 세계적으로 높은 평가를 받았다. 그러다가 시대가 바뀌고 21세기가 열리면서 건강을 중시하는 트렌드가 뚜렷해지자 프랑스 요리 역시 기름과 소금 사용을 절제하고 좀 더 담백한 맛을 추구하는 방향으로 진화했다. 그때까지만 해도 너무 담백해서 심심하고 상대적으로 맛이 떨어진다고 평가받으며 외면당해온 일본 요리가 전 세계적으로 주목받는 현상 역시 그 연장선에 있다. 이러한 기호 변화로 인해 섬세한 맛의 부르고뉴 와인 가격이 가파르게 상승했다.

어디에나 빛이 있으면 어둠도 있는 법. 부르고뉴 와인에 집중 조명이 쏟아지면서 보르도 와인은 상대적으로 외면당했다. 이런 분위기에서 보르도 와인은 5대 샤토를 중심으로 한 일부 스타 샤토만 예외적인 인기를 누렸다. 그 외 대다수 샤토는 이름조차 제대로 알려지지 못했으며, 와인을 즐겨 마시는 이들마저 샤토의 이름을 기억해주지 않을 정도였다. 구체적으로, 일본에서는 배송료를 포함해 12병에 6만 원 세트로 팔릴 정도로 저렴한 가격만이 장점인 매력 없는 와인으로 평가되는 상황이다. 와인 세계는 부유한 생산자와 그렇지 못한 생산자로 나뉘며 양극화가 심해지고 있다.

이러한 양극화가 나타나는 한편으로 와인의 개성화도 함께 진행된다. 오늘날 농약을 사용하지 않는 내추럴 스타일의 와인이 높은 평가를 받는 것이 대표적 사례다. 또한 이탈리아와 호주 등지에서 무명 품종으로 와인을 양조하려는 시도도 있었다.

와인 세계는 비정하다. 그 옛날 명품 와인을 생산하던 프랑스 파리와 오를레앙에는 과거의 영광을 짐작할 만한 흔적조차 남아 있지 않다. 반면, 이탈리아의 브루넬로 디 몬탈치노처럼 20세기 후반에 깜짝 스타로 등장해 놀라운 성공을 거두는 와인도 있다. 세계사가 항상 흐르는 물처럼 변화무쌍하듯, 와인 세계도 세계사에 발맞춰 끊임없이 움직이고 진화해갈 것이다.

## 참고문헌

휴 존슨·잰시스 로빈슨, 『월드 아틀라스 와인』, 그린쿡, 2020

Benoît Franquebalme, 『Ivresses: Ces moments où l'alcool changea la face du monde』, JC Lattès, 2020

Burton Anderson, 『Vino: The Wines and Winemakers of Italy』, Little, Brown and Company, 1980

Elin McCoy, 『The Emperor of Wine』, Ecco, 2006

Gilbert Garrier, 『Histoire sociale et culturelle du vin』, Larousse, 2008

Hugh Johnson, 『Hugh Johnson's Pocket Wine Book 1995-1996』, Mitchell Beazley, 2014

Hugh Johnson, Mitchell Beazley, 『Hugh Johnson's Pocket Wine Book 2023』 2022

Hugh Johnson, Mitchell Beazley, 『The Story of Wine』, 2004

Jean-François Gautier, 『Histoire du vin』, Presses universitaires de France, 1992

Jean-Robert Pitte, 『Bordeaux/Burgundy』, University of California Press, 2012

Jean-Robert Pitte, 『La Bouteille de vin: Histoire d'une révolution』, Tallandier, 2013

Jules Gaubert-Turpin, 『Journey Through Wine』, Hardie Grant Books, 2018

Marcel Lachiver, 『Par les champs et par les vignes』, FAYARD, 1998

Matt Kramer, 『Making Sense of Burgundy』, William Morrow&Co, 1990

Matt Kramer, 『Matt Kramer's Making Sense Of Italian Wine』, Running Press, 2006

Roger Dion, 『Histoire de la vigne et du vin en France』, CNRS EDITIONS, 2010

Serena Sutcliffe, 『Serena Sutcliffe's guide to the wines of Burgundy』, Mitchell Beazley, 1998

山本博,『ワインの歴史-自然の恵みと人間の知恵の歩み』, 河出書房新社, 2010
山本博,『フランスワイン 愉しいライバル物語』, 文藝春秋, 2000
山本博,『シャンパン大全: その華麗なワインと造り手たち』, 日経BPマーケティング, 2019
石井もと子 외, 山本博 감수,『フランス主要13地区と40ヵ国のワイン』, ガイアブックス, 2020
古賀守,『ワインの世界史』; 中央公論新社, 1975
古賀守,『文化史のなかのドイツワイン』, 鎌倉書房, 1987
古賀守,『優雅なるドイツのワイン』, 創芸社, 1997
内藤道雄,『ワインという名のヨーロッパ―ぶどう酒の文化史』, 八坂書房, 2010
山下範久,『教養としてのワインの世界史』, 筑摩書房, 2018
野村啓介,『ヨーロッパワイン文化史』, 東北大学出版会, 2019
水谷彰良,『ロッシーニと料理』, 透土社, 2000
前田琢磨,『葡萄酒の戦略 ―ワインはいかに世界を席巻するか』, 東洋経済新報社, 2010
安井康一,『ワインビジネス』, イカロス出版, 2015
弓削達,『世界の歴史〈5〉ローマ帝国とキリスト教』, 河出書房新社, 1989
岩間徹,『世界の歴史〈16〉ヨーロッパの栄光』, 河出書房新社, 1990
잡지《リアルワインガイド》

**옮긴이 서수지**

대학에서 철학을 전공했지만 직장생활에서 접한 일본어에 빠져들어 회사를 그만 두고 본격적으로 일본어를 공부해 출판 번역의 길로 들어섰다. 옮긴 책에 『세계사를 바꾼 10가지 약』 『세계사를 바꾼 13가지 식물』 『세계사를 바꾼 37가지 물고기 이야기』 『세계사를 바꾼 21인의 위험한 뇌』 『세계사를 바꾼 10가지 감염병』 『세상에서 가장 재미있는 63가지 심리실험—뇌과학편』 『세상에서 가장 재미있는 61가지 심리실험—인간관계편』 『세상에서 가장 재미있는 88가지 심리실험—자기계발편』 『세상에서 가장 재미있는 81가지 심리실험—일과 휴식편』 『세상에서 가장 재미있는 59가지 심리실험—위로와 공감편』 『과학잡학사전 통조림—일반과학편』 『과학잡학사전 통조림—인체편』 『과학잡학사전 통조림—우주편』 『과학잡학사전 통조림—동물편』 등이 있다.